U0080970

婚內愛情保鮮學

全球頂尖的婚姻科學研究，
告訴你親密關係的幸福處方

泰拉・帕克柏 Tara Parker-Pope 著
劉潔如、劉嘉路 譯

推薦序

婚姻是一場修行

——陶晶瑩

我常常在訪問中提到：「婚姻是一場修行。」或許有人覺得是戲謔，但我卻在這本書裡得到印證。

許多專家面對高離婚率提出各種方法，好像認為那些婚姻中的不和諧是可以解決的，搞得一直努力卻仍然焦頭爛額的圍城中人，紛紛懷疑自己的智商和情商。但《婚內愛情保鮮學》卻說，從來就沒有那個適合的人，人與人之間，不管當初多愛，後來都有可能多乏味（或多恨）。

婚姻從來都是一個形而上的學問——只要你一開始能認定「多數的問題，是根本無法解決的」，你就會比較坦然，也不會那麼焦慮。一個人羨慕兩個人，兩個人希望變回一個人，這就是人性。當然，書中有些科學實驗或心理評量，能夠稍稍緩解緊繃的狀態，或是指點迷津。只是，它理智的剝奪了我們翻白眼的樂趣……

這場修行，在考驗我們的耐力和挫折容忍度。修成了，可以成仙；修不成，也毋須介懷。當一個積極的悲觀主義者，知其不可為而為之，總比待在舒適圈不冒險來的刺激。

（作者為主持人、作家、歌手）

推薦序

婚姻的關鍵，發生在你全然不知的幽微裡

——蔡宇哲

以前年輕時學心理學，愛情心理學是少數我沒有想要投入的領域。對我而言，感覺愛情是屬於心靈、感性而不能量化的，不應該用科學、理性跟數據的方式來看待它。不過現在我喜歡閱讀婚姻的心理研究，倒也不是對愛情的看法改變了，而是伴侶之間的認知、相處、同理與溝通，是可以透過心理科學研究來找到當中關鍵，生活上的點滴細節正是良好婚姻經營的微妙之處。

還好，科學救了我

每個人的婚姻幾乎都沒有重來的機會，若想透過多次嘗試錯誤來找到最佳解，恐怕會有太大風險。名人的婚姻經驗也多半是個案分享，拿來套用在自己身上也不見得相符。所以我喜歡透過科學研究，由多數人的傾向來發現自己平常生活中沒關照到的小細節。

《婚內愛情保鮮學》這本書，描述了婚姻中常見的現象，有不少都衝擊了我原本的想法，應該也會有不少讓讀者恍然大悟的瞬間。例如書中就提到不少太太要忍受先生睡覺會打鼾，這件事過往多半是拿來當成枕邊軼事閒聊，但其實有可能是罹患了「睡眠呼吸中止症」，這種睡眠困擾不僅對生理與心理都有極大的負面影響，同時也會點滴的損害伴侶關係！

生活總是不斷滾動，我們的注意力常會被柴米油鹽醬醋茶給占據，容易忽略了身邊最重要的人。看多了婚姻的心理科學研究，也會讓人檢視自己的情況是否相同、怎麼做才能變得更好，也曾有過幾次「還好有心理學救了我」的經驗。

不是已經說過，你都沒在聽嗎

有次的頓悟令我印象深刻：大女兒還在襁褓時，剛開始泡奶工作是由老婆負責，當時她教我泡奶後要滴一滴到手背測溫度，避免溫度太高讓孩子燙傷，但我的手背對溫度極不敏感，無法感覺溫度差異，我也跟老婆說這個方法對我行不通。有一次她在忙，讓我先放下工作去泡牛奶，我邊起身行動邊問她，有沒有好方法可以測試牛奶溫度適中？老婆因為正在忙，隨口告訴我把牛奶滴在手背上試看看就好。

聽到答案時我有點惱火與不諒解，因為前兩天討論時已經說過這個方法我試不出來，所以才會再次發問。所以心中充滿著「不是已經說過，這個方法我試不出來了嗎？你還叫我用這個方法，表示之前我在說你都沒有在聽。」當時內心充滿著這類的小劇場，負向想法就持續堆疊產生怒氣。就在生氣的當下，突然想起前幾天看到的一篇心理科學研究，提醒著人會有「親密溝通偏誤」。

「親密溝通偏誤」指的是人們跟伴侶溝通時，總是覺得自己的表達已經足夠讓對方了解，但實際上並不是。該研究邀請許多結婚十年以上的夫妻，由其中一人出題，再由伴侶及陌生人來做答。不過規定所出的題目得要是很模糊曖昧的描述（例如：我在忙什麼），而每一題都會有幾個選項可供選擇。除了看伴侶是否真的可以答對，也讓出題者評估對伴侶答對的信心程度如何。

結果發現多數人總是對伴侶有過高的信心，認為都已經在一起這麼久了，你會懂我吧？但其實在訊息傳達上，伴侶的理解程度並沒有好到哪裡去。這種「都老夫老妻了，你會懂我」的想法，就是一種「親密溝通偏誤」。

這個研究讓我突然反省：為什麼我會認為講過的話老婆就一定要記得？她那麼忙，一件如此微小的小事，換作是我的話，也不會記得她講過的每一件事。既然如此，又何必生氣呢？情緒平復下來後，科學家思維就啟動了。我想到，既然熱水瓶出來的熱水溫度是固定的，常溫飲用水溫度也是大約固定的，而適合嬰兒飲用的溫度也是固定的，既然如此，那就可以用科學的方法來計算就好，並不需要每次都慢慢加冷水。在經過兩三次測試後，我就得出泡牛奶的冷熱水黃金比例，再也不需要先試溫度了。

之後每當有互動不順時，我總是會立刻想到這個例子，就會心平氣和的找其他方法來表達，減少許多因為不當理解而發生的衝突，這個研究可說是惠我良多啊！

透過測驗了解彼此，同時增添生活樂趣

書中並不是只有生硬的科學研究，我也很喜歡嘗試書中各種測驗，不僅可以更

了解自己的情況，也增添了生活情趣。例如當中建議伴侶可以彼此回想「我們怎麼認識的」，聊聊「是什麼因素讓你決定這個人就是你結婚的對象？」這問題看似平凡，但問了以後常會有意想不到的驚喜。

我以前就曾問過老婆類似的問題：「婚前有沒有什麼特別事件，讓你覺得我是可以共度一生的呢？」她說：「有啊，就是有次一起去台南玩然後汽車被拖吊。」我聽了滿腦子問號，完全不記得有這檔事，而且這跟認定對方是好伴侶有什麼關係？老婆接著補充說，因為那次車子被拖吊當下氣氛很糟，但看到我的情緒依然很穩定，不慌不忙地處理後續事宜，在計程車上還可以跟司機聊天有說有笑。於是她認為我是個 EQ 不錯的人，適合長期相處。

像這類主題聊起來，除了增進彼此的了解與情趣，更會讓人驚嘆，原來婚姻關鍵之處，會發生在你全然不知的幽微之處。

（作者為哇賽心理學創辦人）

推薦序

婚姻，原來如此

——顏擇雅

在文學大師筆下，一段婚姻從「還可以」變成「無法忍受」，往往沒什麼道理可言。福婁拜《包法利夫人》的女主角是覺得丈夫喝湯聲音好難聽，托爾斯泰《安娜卡列妮娜》的女主角則是嫌棄丈夫的招風耳。問題是，耳朵又不會一天長大，喝湯聲應該也是日積月累的習慣，為什麼兩部小說都有這麼一刻，女主角突然發現丈夫身上有一個無法忍受的特質，從此走上婚姻崩解之路？

《婚內愛情保鮮學》回答的正是這問題。不同於其他的婚姻指南，本書作者帕克柏並不以權威自許。作者在開頭就很謙虛，先自承失敗，十七年辛苦經營的婚姻付諸東流，讓她既沮喪，又困惑，於是開始上下求索，把近幾年有關婚姻的心理學、演化生物學、社會學的學術論文都找出來讀透透。她是《紐約時報》的健康專欄主筆，可以深入訪談任何她想訪談的婚姻科學家。她一來是為了自我療癒，二來是幫助別人，才寫出這本關於婚姻的科普書。

出人意表的科學發現

第一流的科普書一定要有爆笑的實驗，這本也不例外，像第二章有關加州鼠守貞能力的實驗就讓我讀了哈哈大笑。加州鼠明明是神仙眷侶，科學家卻故意設計一種實驗，強迫夫妻互看對方被誘姦。這實驗簡直傷天害理，但讀者大概不會質疑其科學意涵對人類的重要性：加州鼠到底憑什麼，一互許終身就地老天荒？是憑某種特殊的荷爾蒙機制嗎？科學家有沒可能拿牠研發出某種「情藥」？不是春藥喔，是情藥，怎麼科幻小說家也沒想過呢？從此別說安娜卡列妮娜與包法利夫人都會看丈夫愈看愈順眼，甄嬛也不必進宮了，因為雍正心思只會在皇后一人身上。

書中引述的科學發現許多都出人意表。例如，一般夫妻常以工作繁忙做為無性生活的藉口，本書卻指出，平均說來，床事頻繁者工時反而較長。這點違背常識，因果為何書中並沒探討，顯然實驗還沒做到那裡。我於是做了幾點推敲，僅供實驗設計者參考：第一種可能，工時長的人往往較熱愛工作，這種人精力旺盛，性趣也較濃厚；第二種，性趣濃厚者滿腦那碼事，容易分心，工作沒效率，因此工時比別人長；第三種，工時長，生活較無聊，娛樂選項少，只好多多待在家敦倫；第四種，工時長的人往往較有責任感，這種人願意看在履行義務份上，心情再不對也勉為其難去滿足另一半的性需求。

書中另一個出人意表的發現，是富爸媽生養小孩，其婚姻品質受到的衝擊往往比中產夫妻多很多。這點也違背常識，想想卻不難理解。有錢人的休閒選項一定比較豐富，他們的情感維繫較倚賴高級餐館、週末飛東京逛街、百老匯看戲等一般人可望不可及的活動。但孩子生下來就有好幾年，再有錢也無法說出國就出國了。喔，原來有錢人也有值得同情的時候。一般夫妻在為小孩忙得焦頭爛額時，不妨拿這點互相安慰一下。

書中關於外遇的研究也讓人跌破眼鏡。機會多寡無關外遇發生率，夫妻有多少共同朋友卻會大大影響。想一想這點也超有道理。中年之後桃花突然大旺，一定難免小鹿亂撞，這麼興奮又痛苦的事怎能憋住不講？找一位好友傾訴（或炫耀），對方反應是「一把年紀還能談戀愛真好」還是「老實說你先生對你非常好」，關係可大了。這洞見是所有夫妻都可以派上用場的：想減少另一半外遇機率嗎？與其檢查對方手機，不如多約朋友聯誼，用心耕耘夫妻共有的朋友網絡。

小智慧，讓關係大不同

書中也有專章討論夫妻吵架，「三分鐘預測離婚」尤其驚悚。但最破除迷思的一點是：說對事不對人是騙人的。夫妻吵架不管針對任何事，到頭來還是會針對人，因此道歉修好根本不夠，床頭吵架床尾和也不夠，不然就是每吵一次就要美滿五次。這又是書中另一有趣數據：美滿夫妻之間的正面、負面的互動比例起碼是五比一，小於五就會增加離婚風險。負面互動並不只是床頭吵架，不理不睬也算。正面互動也不只是床尾和，抱一下、握個手、稱讚新髮型都算。

類似的實用小智慧在書中不勝枚舉。不過大部分讀者可獲得的最立即好處，應是夫妻共同探討婚姻品質的一整套語彙。許多沉默夫妻對婚姻品質感到不滿，卻不知如何向另一半啟齒。真的說開來，往往兩三句就對事又對人，忍不住犯下書中的頭號禁忌：翻白眼。本書因為是科普，婚姻裡一大堆地雷在書中皆以客觀中立、分門別類的方式呈現，例如夫妻衝突的十五種來源（床事占三種），例如因承諾、親近、浪漫程度高低而異的七種婚姻情感型態。掌握這套語彙，就等於共享一種不帶情緒的對話基礎。本書明白指出，所有夫妻都會不時看對方不順眼。因此，包法利夫人受不了丈夫的喝湯聲，安娜卡列妮娜受不了丈夫的招風耳，其實是人之常情。如果她們能與丈夫共享一種不帶情緒的對話基礎，也許婚姻就有救也說不定。

（作者為知名作家、雅言出版社發行人）

推薦序

城裡城外的「愛之惑」

——孫中興

許多人大概都知道這麼一句話：「婚姻像個圍城，外面的人想衝進去，裡面的人想衝出來。」許多人看錢鍾書的諷刺小說《圍城》時都對這句話印象深刻。不過，這是法國諺語，不是錢鍾書發明的話。話又說回來，雖然這句話是法國諺語，可是也慢慢有「全球化」地迴響。

現代人的婚姻，已經不能滿足於傳統上為經濟或是政治目的而結婚的制度安排。婚姻中不能沒有愛情做基礎，至於「全只要愛情，不要婚姻」就和本文無關了。

「婚姻中要有愛情」的目標非常明確，可是達成這個目標的方法卻又讓許多圍城內外的芸芸眾生感到困惑。想衝進去的人不知要怎樣獲得愛情；想衝出來的人不知變幻莫測的愛情小鳥又飛向何方。除了疑惑，還是疑惑。

一旦公眾人物的婚姻和愛情故事登上了媒體版面，就出現了很多名嘴爆料，大家加油添醋，共同烹出一場婚姻和愛情論辯的流水席，直到出現一個更大的新聞事件將之淹沒為止。就這樣，一次又一次，婚姻和愛情的議題，來了又走，走了又來，到底我們從這些事件中學到了什麼？依然地「除了疑惑，還是疑惑」？認命，還是革命？

如果認命，我們也別企求去了解婚姻和愛情，因為不管怎樣，都非人力可為。只能這輩子好好修行，燒好香，期待神明垂憐，下輩子賜福補償。如果不認命，那就得做些什麼來改變現狀，這就是「革命」，特別是「思想革命」——一場有關婚姻與愛情的思想革命。（從中山到中興，我們姓孫的真就愛革命。如果「革命」這個詞太嗆，就請跳過這一段吧！）

讓高牆倒下的個人努力

改變婚姻和愛情現狀可從個人或制度著手。這裡我只從個人自行的努力來說。

一般人碰到婚姻和愛情兩個問題時，不管是分開看或是合起來看，都有現成的選項可以考慮。求神問卜恐怕是最常見的，月老廟的香火鼎盛，歷久不衰，甚至名揚海外，引來外籍人士的參拜，這都不是新聞。台北市的某著名月老廟，就宣稱有四成左右的成功率，這大概是目前任何一家婚姻媒合公司所望塵莫及的成績吧！但別忘了，還有六成的人月老幫不上忙。

不願求神的還可以問人。有真人朋友的可以問真人朋友，甚至素未謀面、不知真名真姓的網友也行；真沒朋友，又不信網友的、阮囊羞澀者，可以問路邊擺攤的算命先生或師姐；口袋比較深的可以去約心理諮商師或精神醫師，或是各種名目的「心靈導師」（請注意費用和證照問題）。

如果處於對神和人都沒信心的「宅狀態」，還可以轉而看書、聽歌、看電視或看電影，這也是一種「孤獨的自我療癒」（或可稱為「宅療」）。這種歷久彌新的需求，創造了龐大的愛情作家、作詞作曲家、唱片公司、出版社和愛情電影的穩定市場。但是你應該也注意到了：「婚姻和愛情」的解決方式並沒有因此高明多少。

從閱讀到幸福的捷徑

如果你問我解決之道，我這個唸書人當然建議看書，而且還是平常就養成看書的習慣，不是等出了問題才在心慌意亂中隨便找書來看。多看書，多長智慧，一旦問題來了，就有自發解決問題的能力。這本書就是我會建議你想解決婚姻與愛情問題時可以看的書，因為本書和其他同類書比較起來有幾個特色：

首先，作者仰仗的是美國認知科學和社會心理學的最新研究成果。同樣是從學術立場出發，這本書並非常見的精神醫師對於案主的剖析，或是哲學家對於前人理論的重新校整。這些研究成果都不是靠單一或極少數個案的研究而下的結論，而是從整體的層面看到愛情展現在人間（當然指的是美國）的不同面貌。其次，一般學術文獻的呈現方式往往過於死板。作者在本書中以其通俗文筆，讓一般讀者可以無障礙地閱讀和思辨。如果你喜歡回答問題和換算分數這樣的測驗，這本書也沒讓你失望。這對社會科學知識的普及與讀者知識領域的擴展有著極大的貢獻。

第三，讀書是要能反省當下的環境和自我。這本書舉的雖然是美國的例子，你在閱讀過程中一定會想問：「難道台灣或我也是這樣？」如果你能注意到這種文化和個人的差異，進一步還能去尋找更多相關本地資料來對照，也許下一本書就該由你來寫了。最後，但絕對不是最不重要的，因為這本書的內容和我上課的內容有相當多雷同，在我的書出版前，這顯然是一個很好的選擇（哈！有點膨風）。你可以上網找到我的愛情社會學開放式課程來看就知道了（哈還有講義可以免費下載）。

每一本書其實都很特別，都在尋找「天命讀者」，就像每一位讀者每次閱讀都在尋找「天命真書」一樣。

（作者為台灣大學社會學系教授）

前言

以科學角度重新看待婚姻

為什麼有人婚姻成功，有人婚姻失敗？一直以來，這是每個男人、女人想破解的謎。是什麼原因讓某些人陷入愛情的風暴，在茫茫大海失去了方向？為什麼有些夫妻總是幸福，有的卻是閃電分手？有沒有任何方法，可以確保婚姻不致陷入緊張、對立和離婚的危機中？

以上種種問題，如今都已經有了解答。答案並非來自諮商室沙發上的閒聊，也不是兩性專家的如珠妙語，而是根據科學團體長時間的實證研究。數十位來自世界各地的兩性專家，致力於觀察夫妻互動，蒐集豐富的相關資料，包括他們所用的文字、肢體語言和臉部表情，同時也追蹤了心跳頻率、血壓，以及夫妻在談話、大笑、爭吵時身體的其他反應。科學家們甚至評估了婚姻衝突和緊張對免疫系統所產生的影響。此外，更分別對剛戀愛的和結婚許久的受試者做腦部影像掃描，一窺熱戀激情與溫馨親情的生理基礎。

愛情，其實大有道理

如今科學家能將婚姻解構到最基本部分，來預測一段婚姻終將白頭到老還是離婚收場。利用電腦輔助程式和身體感應器，科學家已經分析了好幾千個小時夫妻間的談話錄影，從臉部動作、肢體語言到心跳、流汗，乃至皮膚溫度都做了紀錄跟追蹤，讓研究人員可以拆解夫妻間的談話，找出雙方溝通時隱藏在字裡行間的意義。

研究人員得出的觀察結果，為兩性關係提供全新的視野。這些發現在轉化成實用建言後，對夫妻間的相處也極有幫助。一個看似平常不過的手勢，或是丈夫經常提及和妻子相遇故事的情形，都能透露出這樁婚姻將是喜劇收場，抑或是悲劇告終。科學家們甚至運用數學模型，計算出堅定的婚姻每天至少需要五比一的正負面互動。也就是說，惹毛對方時單單說聲抱歉是不夠的，因為你犯的每一個錯誤，都需要五個以上溫柔話語、親暱互動，才能扶正一時失衡的關係。

科學家也探究離婚，找出最容易讓婚姻受到傷害的危險因素。夫妻吵架的模式、誰起的開端，甚至談話中使用的代名詞，都可以看出婚姻的損害程度。除此之外，年齡差異、有無小孩、性行為頻率等因素，也全都被理性分析。終於，生活中最複雜難解的情感關係得以透過科學來梳理剖析。好消息是，相關研究顯示，佳偶要比怨偶多。

本書諸多論點和傳統印象背道而馳，讀完之後，能讓你了解那些兩性關係統計數據背後的真相，以及，為什麼現代的婚姻要比過去幾十年來得穩固。同時你會發現，評估婚姻的整體情況（或是未來踏入婚姻的可能性）要比你想像容易得多。其中的祕訣就在於，懂得「對事不對人」，並且將焦點放在能夠讓彼此關係更好的議題上。

掌握幸福的水晶球

你知道嗎，解決家庭財務問題有助婚姻和諧？當你和另一半起衝突時，頭三分鐘往往是最嚴重的？家事分工對夫妻性生活有直接影響？不論你正打算展開一個新的婚姻、努力拯救瀕臨破裂的兩性關係，或是期待美好的第二春，抑或是只想找到改善婚姻的良方……，本書提供許多簡單實用的方法，教你找出婚姻中最重要的事，以便集中精力讓關係更美好。

我對婚姻科學的興趣根植於自身的需求。身為經常閱讀醫學和科學資料、撰寫健康議題的記者，我總是敦促讀者要注重身心健康，並且憑藉科學證據來做決定。想不到，當十七年的婚姻要結束時，我才發現自己正努力要弄懂它。書架上儘管擺滿了相關書籍，我卻無法從中找到客觀的、具有說服力內容；我知道去哪裡找有關心臟病、糖尿病、過敏症等健康議題的資料，同樣地，我也需要針對婚姻問題的客觀看法。於是，我開始利用網路和各類資料庫搜尋婚姻和兩性的相關研究，才發現幾十年來，全球無數的科學家已經針對婚姻做了大量的可信研究。為此，我開始持續探詢在複雜難懂的愛情和婚姻議題上，科學究竟告訴了我們什麼。過去幾年，我訪問其中數十位佼佼者，並且仔細鑽研上百個發表過的研究報告。

包括我自己在內的許多人，或許早已看出婚姻走到盡頭的跡象；不少人是外遇的受害者；更有人最後在沉重的壓力下崩潰了……。我們之中，是否有人早就知道會是這樣的結局？想必一切都應該有跡可循吧？有沒有辦法替兩性關係打劑預防針，避免離婚帶來的挫折呢？

以上所有問題的答案都是肯定的。透過科學來理解婚姻，等於手中握有水晶球，可以對兩性關係如何運作及誰能夠維繫婚姻做出最好的預測。我現在才明白，如果自己能早點知道這些科學真相，從一開始認清自己在兩性關係中的底限，及早注意問題警訊，做出最好的選擇，或者至少在決定要結束婚姻時擁有更多的自信。

做出最好的選擇

如同醫生對癌症、糖尿病或其他重要的健康相關項目做出分析，婚姻科學的研究目標就是在分析處理婚姻問題。就像醫生知道某些生活習慣會導致某種疾病產生，透過科學方式來了解婚姻，有助我們辨識出走向離婚的危險因素，甚至對結婚已久的夫妻也有建言，幫助他們再度點燃如初戀時曾有過的激情。

本書在每一個篇章針對婚姻各層面做科學探討，包括一夫一妻制、愛、性、孩子、金錢、家事和衝突。最重要的是，將婚姻的科學轉化成實用小建言，讓你用來改善兩性關係。在某些篇章裡，還有可以用來判斷兩性關係品質、夫妻感受激情和承諾深度的評估表，以及各種測驗題。希望你在閱讀本書後，對自我、身處的兩性關係，甚至父母的婚姻都有深入的了解。儘管本書大部分的研究著重在婚姻，但對任何渴望穩固親密關係的愛侶來說，都有可供參考的地方。至於單身者，在了解愛情及婚姻的科學後，也能在追求理想另一半時做出最好選擇。對某些讀者來說，這樣的科學研究可以讓他們從幾乎注定要失敗的關係中解脫。這些發現能讓讀者們在拯救或是鞏固兩性關係時，掌握有用的資訊，得到明確的解方，促進兩性關係健康發展。

研究人員指出，穩固關係的夫妻擁有較多的錢和愛，也活得比較久、比較健康。不論你正滿足眼下長期、穩固的兩性關係，或是陷入初戀的空想苦惱中，還是剛結束一段失敗婚姻、渴望第二春的來臨，婚姻的科學研究已經將幸福的祕密放在你的身邊，等你來把握了。

目次

PART 2

面對各種處境

PART 3

從今以後

附錄

PART 1

情況不像你想的那麼糟

1

現代婚姻大體檢

托爾金（J.R.R. Tolkien）：「真正的靈魂伴侶，正是跟你走上紅毯的那一位。」

不論你正處於苦澀初戀、滿懷欣喜籌備婚禮，或是沉浸在甜蜜新婚祝福，「從此過著幸福快樂的日子」的願望絕非癡人說夢，事實上夢想成真的機率不低。

有個保證讓你樂觀的理由是，大部分的已婚夫妻依然還是長相廝守的。很驚訝吧？多年來我們不斷聽到「五〇%的婚姻會以離婚收場」這類駭人的消息，然而這項統計數據已經不適用在現代了。事實上基於種種理由，離婚率自一九七〇年代末達到頂峰後就快速下降，就許多方面來說，現代人的婚姻比從前更穩固美好。

當然，這並不代表婚姻是容易經營的，夫妻之間更不可能從無勃谿，還是有人的婚姻最終走向失敗的結局。即使在婚姻狀態中，也不見得每個人都對現況感到滿意，不少人夫、人妻都渴望擁有更多快樂。藉由科學角度來剖析婚姻，你會發現不論婚姻關係處於何種狀態，都能找出有效的改善方法。

仔細查看有關離婚的統計數據後可以得知，現代已婚夫妻有半數以上仍然維持著婚姻，即便在某些特定的年度裡，也只有少部分夫妻結束婚姻。對於剛展開婚姻生活，或是對婚姻仍抱持高度質疑的人來說，這樣的消息無疑是振奮人心的。當然過程中必定會有挑戰、衝突和辛苦的地方，整體而言現代人的婚姻比四十年前要穩定許多，事實上大部分已婚夫妻都希望能相守到老、至死不渝。

數據告訴我們的事實

既然如此，為什麼還有那麼多人悲觀的相信「得之我幸，不得我命」？首先，不妨先看看婚姻在不同時代的趨勢演變。

一九三〇年代、一九五〇年代出生達適婚年齡的世代結婚率最高，大約有九六%的人選擇婚姻生活。如今，結婚的人減少，晚婚的人增加。這樣的改變從五〇年代末開始逐漸明顯，因為愈來愈多女性希望進入婚姻生活前先取得大學學位，並且在職場有一番歷練，於是結婚成為她們人生的下一個階段任務。一九五〇年代大部分女性在二十一歲前就會結婚，如今女性平均初婚年齡大約是二十六歲，至於那些追求學問或事業成就的女性，則會遲至三十歲或更晚才結婚。

結婚年齡的增加，對婚姻的穩定度有正面影響。二十五歲以後才結婚的成年男女，走向離婚的機率相對較低。原因尚不明確，可能是二十五歲以上的男女對彼此的共同目標和興趣有更明確的認知，有助於選擇較能共處的伴侶。由於晚婚，風風雨雨都在步入禮堂前就經歷過了，攜手共度一生的意志相對更堅定。

賓州大學華頓商學院商業暨公共政策的助理教授、婚姻趨勢研究專家史蒂文生（Betsey Stevenson）指出：「對於追求一段穩固的婚姻來說，現代人的篩選條件顯然更為嚴苛，那些容易出現問題的關係早在結婚前就被淘汰出局了。」

隨著愈來愈多女性投入職場，傳統上「男主外、女主內」的情況已不再普遍。現代女性對家庭經濟的貢獻比她們母親那一輩更多，而男性也在家務方面願意付出更多心力。和前幾個世代相比，現代人的婚姻在經濟和家庭責任之間的分野已經模糊，反而更重視興趣的分享，以及能否為彼此帶來幸福。不論男女，都更傾向尋找跟自己近似的人結婚，藉由同質性高的背景來確保關係穩固。

「志趣相投的組合，似乎更禁得起生活中的小風暴。」史蒂文生說：「畢竟兩人有太多共同點，一起投入的部分也很多，小小的波動無傷大雅，很容易就能復原。」

婚姻關係的改變，連帶影響導致離婚的因素。一九七〇年代，不僅結婚的人比上個世代多，就連離婚的人也很多（已婚三十年夫妻的離婚率大約為四七％），隨著人類壽命延長，一九七〇年代已婚夫妻的離婚率已逼近五〇％。然而一九七〇年代結婚的夫妻，無論是近期結婚或計畫未來結婚的人，離婚率並不是特別高。那個時代的夫妻通常在十幾歲和二十來歲結婚，他們出生在一九五〇年代，父親外出掙錢、母親操持家務，卻正逢女性主義抬頭、男女角色激烈衝撞，不僅離婚的相關法律有重大改變，在強大社會力量拉扯下，大眾也普遍重新思考婚姻的價值與意義。

到了一九八〇、一九九〇年代，離婚率逐漸降低。史蒂文生曾經分析三個不同世代女性的十年離婚率，結果顯示，一九九〇年代結婚的大學學歷女性，十年離婚率只有一六%；反觀一九七〇年代結婚的大學學歷女性，十年離婚率竟達二三%。大學學歷以下的離婚率稍微高一些，但是仍然比之前的世代好很多。一九九〇年代的已婚高中學歷女性，十年離婚率只有一九%，相較之下，一九七〇年代已婚但未接受大學教育的女性，十年離婚

三個不同世代女性的十年離婚率		
	大學學歷	高中學歷
一九七〇年代	23%	26%
一九八〇年代	20%	25%
一九九〇年代	16%	19%

資料來源：伊森（Adam Isen）和史蒂文生，賓州大學華頓商學院。

率則有二六%。

史蒂文生說：「跡象顯示，婚姻關係正在改變，而離婚率正在下降。或許是因為婚姻變得更有彈性，人們在既有的兩性關係中感覺更快樂、更有歸屬感，而且另一半也愈來愈難被取代。」史蒂文生也分析了一九八〇年代已婚夫妻的二十年離婚率，試圖檢視諸如結婚年齡、教育背景等因素與離婚風險的關係。結果發現一九八〇年代結婚的夫妻離婚率，擁有大學學歷且二十五歲以後才結婚的人，比不到二十五歲就結婚，或是沒唸大學的人要低很多。同時她也發現，大學休學是婚姻不穩定的重要預測指標，甚至比高中學歷者更容易離婚，真正的原因並不清楚。史蒂文生推測，輕易休學的人或許沒有把「承諾」和「堅持到底」這兩件事視為人生的優先選項。

一九八〇年代，擁有大學學歷並且晚婚的人離婚率最低	
結婚二十年的離婚率	39%
大學畢業，25 歲以後結婚者	19%
大學畢業，25 歲以前結婚者	35%
大學休學，25 歲以前結婚者	51%

資料來源：史蒂文生，賓州大學華頓商學院。

一旦把年齡和教育列入考量，離婚風險的差異就很驚人了。大學休學並且在二十五歲以前結婚的人，離婚率高達五一％，而大學畢業並且在二十五歲以後才結婚的人，結婚二十年後只有一九％的人離婚。

以上數據顯示，離婚風險受到結婚年齡、教育程度和結婚年代的影響很大。我好希望自己能早在婚姻不保前就知道這些數據。前夫和我都有大學學歷，一九八八年結婚時都很年輕，分別只有二十三歲、二十一歲，屬於「高風險群」。當時的我以為婚姻就像擲銅板，有一半機率會成功，另一半機率注定失敗。顯然離婚風險並沒有那麼高，有三分之二夫妻的婚姻問題能夠得到解決。

假如我更早知道，原來大部分人的婚姻（包括我的）都能維持，人生會有什麼不同呢？對我來說，現在當然為時已晚，但是也因此讓我確信，弄清楚現代人婚姻的真實情況有多麼重要。誇大的離婚統計數據有可能提高每個人的離婚風險，猶如我們看多了暴力影片而習慣打打殺殺一樣，因此我認為「半數夫妻都會離婚」的迷思讓整個世代的人對婚姻產生誤解：假如半數已婚的人最後都會走向離婚的結局，那麼離婚又有什麼大不了的呢？

為什麼有關離婚的統計數據總是被誇大呢？原因之一，是因為美國一九七〇年結婚人口的資料最多，使得這些統計數據輕易的被反覆引用，加上許多人都用過分簡化的公式來計算離婚率，例如將該年的離婚人口數和結婚人口數相比。這樣的計算方式得到的數據看似合理，但是如果結婚率是固定不變的，用這樣的方法會讓你得到非常近似的總離婚率，然而事實上結婚率卻一直在下降。也就是說，在結婚和離婚的方程式中，許多變數仍然持續在變動，因此簡單計算該年離婚和結婚的比率自然會得出扭曲的結果，以至於離婚率比實際更高。

那麼，為什麼要放任這樣扭曲的統計數據存在呢？有些人推測，擔心婚姻有一半機率將會不幸收場的迷思，正好可以讓政黨在有關家庭價值的議題上大做文章，並且從中牟利。無論如何，當偏頗的婚姻統計數據被廣為傳播時，你我都有可能是受害者，誤信婚姻如此脆弱，特別是當自己的兩性關係出現問題時，更容易輕言放棄。史蒂文生說：「讓我心煩的是，『半數夫妻終將離婚』的說法會讓人們對婚姻缺乏正確期待。」五〇％的高比例不禁讓人憂慮，「我的孩子將來要在父母離異的環境下長大嗎？」「我能夠扮演好單親媽媽的角色嗎？」

下一個會更好？

一九二〇年代、一九三〇年代的知名記者聖約翰（Adela Rogers St. Johns），對於第二春發表過精闢的說法：「既然前後任丈夫沒有太大區別，不如就從一而終吧！」這樣的看法並不孤單，事實上有個常被引用的統計數據是「第二春的離婚率比首次婚姻高」，顯然這是堅持「一婚到底」的論點，因為第二次離婚機率比第一次高。

對於期望有第二春的人而言，再次踏入婚姻後，真的會更想離婚嗎？答案是，未必。針對第二春和離婚所做的觀察資料顯示，我們大可保持樂觀態度，因為多數第二春的資料被「風險承受度低的人」給拖累了。他們正是那些完全不願被婚姻束縛，也絕不想為離婚煩惱的男女，其中有些人甚至還因此成為「累犯」的新娘或新郎，例如大家熟知的已故影星伊莉莎白．泰勒。在首次婚姻時，這類人只占整體取樣的一小部分，一旦來到第二春時，風險承受度低的人就占了很大的百分比，於是在計算離婚風險時，也就把平均值給拉低了。統計一九九五到一九九八已婚女性的五年離婚率，首次婚姻者為九％，第二春者為一二％。至於一九八五到一九八八年已婚女性的十五年離婚率，首次婚姻者為三六％，第二春者為四五％。

首次婚姻者和第二春者的五年離婚率只差三％，和首次婚姻者相比，第二春者在十五年後婚姻失敗的比率也才多出九％。史蒂文生相信，如果將資料中被冠上「接力賽式的婚姻」（serial marriage）者抽掉，那麼差距會更小，第二春者的婚姻成敗比率將和首次婚姻者大致雷同。她推斷，第二春者甚至可能比首次婚姻者的生活更美好。為什麼呢？因為離婚風險的其中一個最重要因素「二十五歲以前結婚」，顯然在第二春時已經不存在了。年長一點再結婚的人，離婚率普遍較低。史蒂文生表示：「年紀輕輕就結婚的人，在第二春時會特別渴望真正穩定的婚姻。」

既然如此，為何還是很難維持？

儘管數據顯示你在維持婚姻上是有勝算的，但也不表示現代人的婚姻就容易維繫，事實上難度可能比以前更高。原因在於，現代人比過去任何世代對婚姻的要求來得更多。

婚姻制度已經存在幾千年，但是期待婚姻幸福美滿卻是相當新的觀念。幾個世紀以來，婚姻被視為經濟和社會的制度，男女結婚是為了獲得土地與財富，提高社會地位、政治力量的結合。人們之所以走入婚姻，幾乎和愛無關。這並不意味隨著相處時日增加、年齡增長，夫妻彼此全無愛意。當然有愛，總是有人真心愛著自己的丈夫或妻子，但是就整個歷史來看，愛並不是婚姻背後的主要驅動力。正如研究婚姻歷史的昆茲（Stephanie Coontz）所說：「愛偶爾是一種受人歡迎的副作用。」

根據昆茲的說法，以愛為基礎的婚姻直到十八世紀才出現，當時正值啟蒙運動之際，把推動市場經濟、人道主義改革的焦點導向個人權力。婚姻首次被視為是兩個體之間的私人關係，而不單單只是建立家庭財富或政治聯盟的工具。

接下來的幾百年，許多社經力量持續重新定義性別角色和兩性關係。隨著經濟起飛，女性也加入了勞動市場，避孕藥的發明更賦予女性在性方面的自主權與節育能力，改變了傳統婚姻和家庭的時間表。此時，美國人權運動結合了女性「解放」的要求，大幅改寫男女在職場、家庭，乃至於社區，有關角色和權力的思維。就連經濟上的轉變，例如加工食品業的興起，也對婚姻的穩定度有所助益。當市場推出冷凍食品、盒裝通心麵和起司等方便餐時，單身生活就變得更為容易，還沒學會自己煮食的男性，第一次可以想像過單身漢的生活。

昆茲表示，二十世紀中葉以前，婚姻制度進入了戲劇性的不穩定期。直到一九五七年離婚率開始增加，因為男女雙方在兩性關係上持續追求個人滿足，以至於發現自己無法和現任的丈夫或妻子相處。同時，海夫納（Hugh Hefner）創辦的《花花公子》（PLAYBOY）雜誌似乎也影響了兩性關係，因為內容放大了單身生活的美好，並且質疑男性一肩扛起家計重任的正當性。另一方面，女性則嘗試在職場上力爭上游，甚至會延後結婚的時間，來追求學問和事業上的成就。

當時，這樣的改變令人不安並且深具破壞性。漸漸的，女性結婚不全是為了找到長期飯票，男人也不再只是為了找個會幫他燙襯衫的人。婚姻演變成可以分享興趣和共同目標的夥伴關係。經歷一九六〇年代與一九七〇年代的衝擊和磨合，如今人們在婚姻裡更在意的是，彼此的關係是否更協調、更加兩情相悅。另一方面，也意味現代夫妻對婚姻的期望比過去更高。婚姻，變成是需要高度呵護、用心照顧的「事業」。當一男一女結婚時，對彼此皆抱持著許多期望，特別是要符合公平、滿足個人與情感需求的夥伴關係。對此，羅格斯大學婚姻研究家華賀（Barbara Dafoe

Whitehead）稱為「靈魂伴侶」（soul mate）的婚姻。

你是不是常聽到有人在找尋靈魂伴侶呢？的確，這是個很高的標準，而且看來所謂的「靈魂伴侶般的配偶」，需要更多的情感投注。華賀在一項有關現代人婚姻狀況的評論中寫著：「雖然這是一件好事，值得努力追求、維繫如此高標準的幸福。但是，對個人的滿足懷有高度期許，同樣也會使得婚姻不易維持。」

現代人的婚姻課題

現代男女對婚姻的期許更甚以往，這當然是件好事，可以讓夫妻有更多機會維繫有意義的兩性關係。然而，我們對理想婚姻的高標準也會讓彼此承擔無比的壓力。特別是當夫妻雙方周旋在工作壓力和家庭責任之際，還得找時間談情說愛、顧及一切是否公平，也是令人卻步的挑戰。一旦因為諸事繁忙，而讓對方感覺被忽略，甚至產生厭煩時，失落感也會更大，這會讓你覺得自己不僅失去了另一半，同時也失去了最好的朋友。

婚姻和離婚模式的改變，增益了維持婚姻的機會，於是離婚變得比較不常見、婚姻關係比以往更堅固。儘管如此，以愛、平等和價值分享為基礎的現代人婚姻，確實需要投入更多的時間、精力和情感來維持。讀完接下來的各章後你會發現，這樣的努力奮鬥絕對是值得的。人類天生就對愛、長期的固定伴侶有所需求，圓滿的婚姻對任何人都是利多於弊。

2

你是唯一

奧黛莉・赫本（Audrey Hepburn）：「如果我結婚，我想要一輩子的婚姻。」

當兩人找到彼此，互相戀愛而後決定結婚，最重要的任務就是維繫這段婚姻，「至死不渝」就是這個意思。婚姻本身就是承諾，選擇一個你想要分享生活、小孩、寵物、財富或債務的人。雖然，「以愛為基礎」的婚姻在人類歷史上還是相當新的觀念，然而承諾卻不是。一直以來，人類都很珍惜承諾和一夫一妻制，即使不一定終身奉行。

有關人類究竟適不適合一夫一妻制並且忠貞不二，始終是科學家們，甚至是夫妻之間的熱門辯論話題。當事實顯示忠貞這件事很難在自然界被舉證時，必然有懷疑論者堅持人類的一夫一妻制是違反自然的，畢竟只有極少數動物在找尋終身伴侶。甚至在某些明顯一夫一妻制的動物身上，經由基因測試結果證明「偷腥」現象仍然常見。也難怪每個人在結婚前，或是考慮要和某人廝守時，總會不禁自問：

「我真的要和眼前這個人共度一生嗎？」

對人類以外的動物來說，一夫一妻制明顯是個例外，而且極度不尋常。科學家們透過田野調查和實驗室觀察，仔細追蹤、監視和測驗一夫一妻制的動物配偶及其後代，來確定他們的忠誠度，藉此發展出好幾種關於「某些物種的演化是為了要找尋終身伴侶」的理論。研究這些動物的習慣和行為，最後或許能探查出影響人類忠貞程度的生物和社會因素。

動物界中的專情者

幾年前流行的喜劇〈六人行〉（Friends）某一集的劇情裡，菲比告訴大家龍蝦交配的習性，並且藉此安慰羅斯他終有一天會和自己的真愛瑞秋結婚。

菲比告訴羅斯：「瑞秋就是你的龍蝦。大家都知道龍蝦會談戀愛、會找尋終身伴侶，你真的可以看到老龍蝦夫妻螯牽著螯在岸邊散步。」這一集播出後，龍蝦的一夫一妻制就被當成事實傳唱不休，而我也真的相信了。對我來說，任何生物在逐漸演化成一夫一妻制後，就不該被當成餐桌上的食物。於是，我從此不再吃龍蝦了，我可不希望因為個人的口腹之欲，再造成更多的鰥夫龍蝦或寡婦龍蝦。（有聰明的朋友告訴我，與其放棄美味龍蝦，不如一次吃兩隻。）

著有《龍蝦的祕密生活》（The Secret Lives of Lobsters）的龍蝦專家寇森（Trevor Corson），敲醒我對龍蝦堅貞愛情的錯覺。他說：「菲比的話確實會讓大家相信龍蝦過著一夫一妻制的生活。然而事實的真相卻是，一群母龍蝦會將第一隻靠近的公龍蝦麻醉使其順服，然後牠們就可以按照自己的意思，一個接著一個和牠交配。」真的是這樣嗎？那麼，龍蝦一夫一妻制的說法究竟是從何而來呢？寇森說：「公龍蝦和母龍蝦真的會住在一起，不過大約只能維繫兩個星期。科學家的確將此稱為『一夫一妻』的形式，但是更正確的說法應該稱為『接力賽似的一夫一妻制』（serial monogamy），而非從一而終的關係。一旦辦完事，牠們就另結新歡去了。」

我真的失望極了！還是比較喜歡長命的甲殼綱情侶在海底終身相守的說法。總之，要研究動物的兩性關係時，最好先將個人的浪漫想法屏除在外，從鳥類到蜜蜂，再從小狗到鴨子，動物界的一夫一妻制是罕見的。只有少於五％的哺乳類動物會奉行，即使是兩兩成對會撫養幼兒的動物，「不貞」仍然是普遍存在的事實。長久以來，生物學家認為大多數鳥類是一夫一妻制，因為雌鳥和雄鳥會一起築巢、捕食和育雛。一九六〇年代，知名鳥類學家雷克（David Lack）指出，在九千七百種鳥類裡有九二％奉行一夫一妻制。從觀察鳥類的行為看來，似乎真的是這樣。

要提醒的是，一夫一妻和忠貞是兩碼子事。前者是指長期的兩兩配對，後者則是指性關係的專一。不論對動物或人類來說，兩者不必同時成立。隨著觀察設備和技術的進步，眼光銳利的鳥類學家偶爾會在鳥類的世界裡發現「行跡詭異者」，看見某隻鳥突然跑開去找另一隻鳥偷情。看過這麼多的鳥不貞後，科學家決定對牠們進行親子關係研究，結果發現大約三〇％的雛鳥並非是照顧牠們的公鳥所親生。

在艾芙朗（Nora Ephron）編劇的電影〈心火〉（Heartburn）劇中，女主角對父親抱怨丈夫的出軌。父親問她：「你想要一夫一妻制嗎？」「去嫁給天鵝吧！」長期以來，天鵝都被視為是忠貞和奉獻的象徵，不過澳洲學者在研究紅嘴黑天鵝後發現，牠們不過是表象上的一夫一妻制罷了！墨爾本大學的動物學家馬德（Raoul Mulder）和同僚，將許多小天鵝與巢邊扶養牠們的黑天鵝進行DNA比對，結果顯示其中的六分之一沒有血緣關係。很顯然的，母天鵝偷偷從巢裡溜走，跑去與另一隻公鳥交歡。不過科學家還不清楚，牠們是在何時、何地、何種狀態下祕密交配的。

隨著研究結果陸續發表，證明過去被認為奉行一夫一妻制、忠於伴侶的動物，定期有「出軌」的行為，不少既有的認知已被徹底推翻。原來，許多動物都會對配偶不貞。黑冠山雀是築巢鳥類中最忠實的，不過卻有研究結果指出，當雄性伴侶的階級較低時，母鳥就會分心。這時候母鳥會讓公鳥築巢，然後趁牠不注意時，向鳥群中較資深的公鳥飛撲而去，並且與之交配。母鳥在這件事上所打的如意算盤是：元配可以幫忙照顧雛鳥，而位高權重的小三則能提供較好的基因。家燕也會進行類似交易：母鳥比較容易對短尾的公鳥不貞，而選擇長尾的公鳥偷情，以便下一代能獲得更好的基因，擁有更強健的身體。

不只鳥類如此，母兔和母松鼠也會在同一天內和好幾個不同的雄性交配。自然界告訴我們的是，儘管一雌一雄的連結對生殖成功很重要（因為可以確保有個可靠的配偶幫忙扶養下一代），然而不貞卻是保險的機制，可以保證後代基因的多樣，擁有健康的下一代。就哺乳類動物來說，彼此忠貞的性伴侶並且共同扶養下一代的情況極為罕見。僅僅只有不到五%的哺乳類動物，是屬於「社會的一夫一妻制」（social monogamy），意即他們能終身為伴。即使如此，偶爾他們也會在外尋歡。

加州鼠的婚姻生活

看來，一夫一妻制的模範案例並不存在。或許你會認為，婚姻與承諾根本就是個錯誤，不過是違反自然法則的空想罷了！儘管自然界普遍不認同守節，還是有幾個特例。接下來，看看加州鼠的窩心故事。

德州聖安東尼市的三一大學生物系主任瑞柏（David Ribble），一九八〇年代初在科羅拉多州立大學攻讀碩士時，學校的水產暨野生生物學系受託在軍方打算作為訓練用途的土地上進行田野調查。在生物界，專門研究老鼠的人是極為搶手的，某部分理由是因為工作繁重。因為田鼠不僅會匆匆跑走，而且活動範圍大都在地面下，或是藏匿於樹根之間的窩裡，加上牠們是夜行性動物，因此研究工作必須在半夜進行。後來瑞柏來到柏克萊加州大學繼續讀博士時打算研究蜥蜴，因為可以在白天做研究，然而同事卻鼓勵他最好在老鼠的研究領域繼續發展。當時，人們對於住在內達華山腳下一種體型異常大的加州鼠愈來愈感興趣。

加州鼠的體型是其他田鼠的兩倍大，有別於大多數老鼠一窩生四胎，牠一胎只生兩隻。在生態學上，如此與眾不同的生物總會被多看兩眼。為什麼加州鼠會進化得如此不同於其他田鼠呢？為了解開這個疑問，瑞柏開始進行大規模田野調查，並且記錄加州鼠的行為模式。他發現加州鼠不僅容易被馴服，也很容易捕捉，只要日落時在箱子裡盛裝燕麥片做陷阱，就可以輕易捉到牠們。科學家將捉來的老鼠貼標籤，在頸部裝上無線電發報機追蹤行動，並且在母鼠身上另外用螢光粉做記號，讓那些和牠們交往的公鼠身上留下證據，總共捕捉大約兩百隻老鼠。同時，科學家也在窩巢附近插入紅光電纜，嘗試拍攝老鼠的生活，可惜最後失敗了。瑞柏解釋：「或許那看起來太像一條蛇了。」

即便沒有影片，科學家還是記錄到令人吃驚的結果。他們利用黑光來追蹤母鼠身上的螢光粉去向，結果發現粉末竟然只掉落在母鼠寶寶和配偶的身上。與其他田鼠不同，加州鼠的窩不會有小三潛入，而且無線電發報機的追蹤結果也顯示，母鼠和公鼠很少會遠離彼此。瑞柏解釋：「透過遙測可以估算牠們的位置，知道公鼠在哪裡、母鼠在哪裡，結果雙方定位都被標記在彼此的頭頂上。」

監測鼠窩時，科學家發現除了餵奶，其實公鼠照顧幼鼠所付出的時間和精力與母鼠一樣多。然而最直接的證據是DNA，測試結果顯示幼鼠百分之百是由母鼠和牠的終身配偶所生。在野生動物的世界裡，加州鼠從未出軌。

這樣的研究發現，引起更多動物專家對加州鼠的強烈興趣。麥迪遜威斯康辛大學的心理學家古柏尼克（David Gubernick），專門研究蜥蜴的學習力，以及山羊的親子連結。古柏尼克從洛杉磯的加州大學實驗室接收了一批加州鼠，他決定研究被囚禁的加州鼠是否像在野外一樣忠誠。於是，他選取加州鼠夫妻，嘗試用陌生的異性誘惑牠們。這個實驗的困難點之一是，有時候公鼠或母鼠得待在籠裡目睹另一半被誘惑，牠可以透過籠子的一個小洞來觀察並嗅聞自己的配偶，但是有個小樹脂項圈會套在牠的頸上，防止牠穿過小洞跑到配偶身旁。

結果，在面對似乎無法抗拒的誘惑時，加州鼠的表現讓人大感意外。當母鼠和新來的公鼠一起關籠時，母鼠幾乎每次都會拒絕異性靠近，即使牠的配偶就在現場，大約也只有一五％的母鼠會允許不熟悉的雄鼠騎在牠身上。一般來說，在野外也會發生公鼠進攻母鼠的情況，無疑的配偶會在現場保護牠，然而這個實驗卻設計公鼠被控制，因此母鼠無法仰賴雄鼠的保護來拒絕異性靠近。即使如此，大部分的母鼠仍會抵抗。更有趣的是公鼠被異性誘惑時的反應，即使配偶不在場，公鼠也依然保持忠貞，不僅會抵抗異性誘惑，同時也拒絕交配。

「這些實驗結果說明了事實：加州鼠的一夫一妻制是靠配偶雙方對彼此的吸引和偏愛，以及和其他異性共處一室時的自我克制。」研究人員對此做出結論，顯然公鼠比母鼠更忠貞。

為什麼演化的淘汰壓力反而有助於加州鼠的忠貞呢？古柏尼克認為，加州鼠的一夫一妻制與公鼠照顧幼鼠的重要性有關。他設計三個不同實驗環境，對加州鼠進行一連串實驗研究。其中一組老鼠住在溫暖舒適、容易取得食物的籠子；另一組則是有食物，但是籠子裡很冷；最後一組是必須工作才有東西吃，亦即模擬野外環境，牠們必須離巢去覓食。

幼鼠出生後，有半數的公鼠會被移開。在相對有利生存的環境裡，公鼠的缺席並不會影響幼鼠的存活率，幼鼠的數目不論有無公鼠照顧都相同。但是在必須工作才有食物吃的環境下，或是酷寒的籠子裡，只有極少數的幼鼠可以存活。一旦實驗模擬大自然環境，這時候尚無法控制體溫的幼鼠，就得仰賴公鼠照顧才能存活。古柏尼克也在野外進行了類似的實驗：將公鼠移開後記錄對幼鼠的影響。結果如預期的，缺乏公鼠照顧的幼鼠存活率，比接受雙親照顧的幼鼠更低。

忠貞的基因

動物界另一個忠貞的超級巨星，是生長在美國中西部、外表毛茸茸的小型囓齒目動物草原田鼠。牠們有終身配偶，共築一窩養育後代。雖然沒有完整的追蹤紀錄（公鼠偶爾會背著配偶偷腥），但是牠們最終還是會回到另一半的身邊，與其他近親很不一樣。

忠貞的田鼠和四處留情的田鼠有什麼不同？研究顯示，輕微的基因變化製造了不同的大腦迴路，以控制垂體後葉荷爾蒙和催產素，這些所謂的「擁抱」荷爾蒙，會在做愛、性高潮和哺乳時釋放。奉行一夫一妻制的田鼠，大腦可以感受這些荷爾蒙，但是四處留情的田鼠就不行了。草原田鼠的研究結果顯示，當牠們的大腦覆蓋「擁抱」荷爾蒙時，交配行為會讓彼此產生連結，刺激雄鼠立刻展現對另一半的偏愛行為，包括對她愛撫不已，並且攻擊在附近的其他田鼠。

為了確定是荷爾蒙或其他機制影響田鼠的連結，研究人員進行了一連串實驗。首先，他們對田鼠注射了抑制垂體後葉荷爾蒙分泌的藥物。一旦少了這個荷爾蒙，草原田鼠的行為就會和雜交的親戚相似，徘徊在附近其他母鼠周圍，伺機與之交配。之後，牠既不會愛撫母鼠，也不會對其他公鼠表現攻擊行為。藉由相同的實驗改變垂體後葉荷爾蒙，科學家也想了解能否用人工方式來誘發田鼠的忠貞。於是就在他們對未交配過的公鼠注射垂體後葉荷爾蒙後，突然間這個興奮的處男田鼠開始找尋母鼠作伴，彷彿牠們已經交配過似的，公鼠開始對母鼠展現偏愛行為，並且阻止其他陌生田鼠靠近。

加州鼠研究專家瑞柏目前正在研究的非洲象鼩，也是高度的一夫一妻制。在加州鼠的世界裡，一夫一妻制的演化是為了讓公鼠參與下一代的教養，但是其他也是一夫一妻制的動物，就不需要照顧幼兒，公象鼩就是其中一個例子。關於象鼩一夫一妻制的演化解釋，可以聚焦在雄性的守衛行為，牠們會集中精神與體力來保護另一半，藉此提高公象鼩的繁殖機會，而母象鼩與幼兒也可以因為持續獲得食物、溫暖和保護而受益。瑞柏說：「我想，透過這些動物所提供的有趣事實，讓我們不得不做出這樣的結論：一夫一妻制確實是有些好處的。」

人類如何做出承諾？

那麼，人類是否會像天鵝或黑冠山雀，徒有一夫一妻制的表象，卻會趁另一半不注意時外出偷腥呢？或是會像忠貞的加州鼠和草原田鼠，沉浸在荷爾蒙的作用裡，即使環境充滿各種誘惑，依然堅貞不移呢？

有建議指出，基因會影響一個人是否履行一夫一妻制。瑞典科學家沃恩（Hasse Walum）最近研究了五百五十二對男性雙胞胎，想進一步得知某個基因的變化和兩性關係的滿足是否有所關聯。該基因會控制體內的垂體後葉荷爾蒙分泌，生物機制就如同草原田鼠的一夫一妻作用基因。

科學家發現，這個基因的變化似乎會影響男性的兩性關係模式。基因突變的男性比較不可能和伴侶結婚，即使結婚了，他的妻子對照沒有基因突變男性的妻子，在兩性關係上也是較不滿足的。而且，基因突變的男性在婚後更可能發生嚴重的婚姻問題。經過一年的研究發現，有兩個基因突變的男性發生嚴重婚姻危機的機率，是沒有基因突變男性的兩倍。

雖然研究人員首度指明，特定的基因特徵與婚姻幸福和忠貞有關，但是並不能斷定偷情是不可避免的結論。沃恩說：「兩性關係會出問題的原因很多，然而這是首次證實，基因突變和男性如何與伴侶相處有關。」他同時提醒大家，基因突變對整體的影響不大，不足以預測某人在兩性關係上的行為。

同樣的，女性也有相關的生理作用機制。在一連串的實驗中，瑞士伯恩大學的研究人員收集了二十來歲男性穿過兩天的汗臭T恤，然後要不同女性對每件T恤深呼吸嗅聞氣味。結果，受測女性展現了對某些T恤的明顯偏愛。研究人員進一步分析男性和女性的唾液，結果發現女性偏愛在遺傳學上和自己最不同的男性穿過的T恤。很明顯，在女性身上有不同的免疫系統基因，它們被命名為「主要組織相容性複合體」（major histocompatibility complex，MHC）。

新墨西哥大學心理學家蓋佛愛柏格（Christine Garver-Apgar）想知道，夫妻雙方的MHC相似程度是否會影響性生活，或是提高出軌的機率。為了查明真相，蓋佛愛柏格和同事研究了四十八對至少同住兩年的異性戀夫妻，並且請他們填寫問卷來調查配偶的性反應與是否曾經出軌等相關問題，同時也請這些夫妻提供唾液，好讓研究人員分析他們的 MHC。結果發現，MHC 的相似程度與性滿足和忠貞有關。女性和配偶的 MHC 愈相似，性滿足程度愈低，並且比較可能發生外遇。至於 MHC 不同的夫妻，女性的性滿足與忠貞程度較高。研究人員甚至提出以基因相似程度來決定出軌機率的公式，如果男女的 MHC 基因相似程度達五〇％，那麼女性就有五成機率會出軌。顯然 MHC 會影響女性選擇伴侶，而男性則尚未發展出類似的生物作用機制。

《一夫一妻制的神話》（The Myth of Monogamy）一書的其中一位作者，同時也是行為科學家的巴拉許（David P. Barash），指出人類還保留了傾向一夫一妻制的身體符號，其中之一就是睪丸的大小。如果某種族的女性喜歡和一位以上的男性交媾，那麼該種族男性的睪丸就會特別大，以便射出較多的精液來提高受孕的機率；反之，大睪丸就沒有必要了。

想想公銀背大猩猩，相較於牠碩大的體型，睪丸就顯得相對小，因為牠在交配的過程中是靠體型取勝，而非仰賴精子的活動力。一旦征服了母猩猩，牠就可以自由自在的與之交配，不必再理會其他公猩猩了。相較之下，公黑猩猩就演化出大睪丸，以便製造大量的精液。或許，黑猩猩的繁殖競爭是取決於精子，而非體型。在特定的黑猩猩群裡，不同的公猩猩會和同一隻成熟母猩猩交配，搶得先機並且交配次數最多者比較有機會當上爸爸。

那麼人類的男性又是如何呢？人類的睪丸比大猩猩大，卻比黑猩猩小。和黑猩猩不同的是，人類並不是雜交的動物，不過卻面臨比一般大猩猩更多競爭。人類的睪丸大小似乎暗示了一個事實：儘管齊人之福可以任君選擇，然而最適合的還是長期的伴侶關係。

有關忠貞的統計

相較於動物的偷腥行為有許多完整紀錄，人類對另一半不貞的情況卻是所知有限。我們既無法在女性身上灑螢光粉做記號，也不能在男性身上裝無線電發報機來追蹤他們的一舉一動，唯一方法就是當面興師問罪。人們當然會對自己的不智行為有所隱瞞，然而多年來收集的龐大證據都指向了同樣的事實：已婚夫妻的出軌行為似乎是例外而非常態，大多數的已婚夫妻都聲稱自己忠貞，絕無婚外情。

關於出軌的統計，最客觀的作法是普查。位在芝加哥大學內的美國國家科學基金會（National Science Foundation）主辦了一項調查，追蹤一九七二年以來美國人的意見和社會行為。調查結果顯示，不論哪一年，都有大約一〇%的已婚夫妻（一二%的男性和七%的女性）承認有婚外情。想想這個數字的意義，也就是說，有九成的已婚夫妻自認忠貞。終身不貞的比率也相當低，二〇〇六年，二八%的六十歲以上男性坦承曾經對妻子不貞，女性則有一五%曾經出軌。

既然如此，為什麼會有「已婚男女出軌頻繁」的說法呢？都是因為偏頗的資料四處傳播所導致。有些研究宣稱有六成或更高的不貞比率，有些研究則是非常保守的估計。例如，來自婦女雜誌的調查往往就會高估出軌比率，因為他們會受到民意測驗專家所謂的「選擇性偏見」影響：在詢問不貞意見時傾向找出軌或被出軌過的回應者做調查。至於婚姻諮詢家，因為在工作上總是遇到自己不貞或配偶不貞的求助者，所以也容易高估社會的不貞比率。另一個問題來自沒有考慮不貞的時機。已婚人士傳出緋聞固然符合傳統對出軌、外遇的定義，但有些人發生婚外情是因為自覺婚姻已經無可救藥了。在這樣的情況下，不貞只是婚姻失敗的信號，而非婚姻失敗的原因。

此外，不貞比率也有些趣味變化。根據華盛頓大學健康暨危險行為研究中心的艾肯（David C. Atkins）所彙編的一九九一至二〇〇六年普查結果，顯示年輕女性欺瞞配偶的次數幾乎和男性一樣多。此外，終身不貞的比率也提高了。一九九一年，調查六十歲以上的男女，其中有二〇%的男性和五%的女性承認曾經不貞；

一九九六年，數字則分別躍升至二八%和一五%。研究人員也注意到近期婚姻的重大變化，調查三十五歲以下男女，其中男性承認曾經不貞的比率從一五%增至二〇%，女性承認曾經不貞的比率則從一二%增至一五%。

或許，只是因為有愈來愈多人承認不貞，而非不貞的人增加。如今，和不貞有關的汙名也比過去少很多。調查結果顯示，不同的研究方法會影響一個人是否承認不貞，例如，科羅拉多大學和德州大學對四千八百八十四對夫妻所做的調查，分別採用面對面訪談和無記名電腦問卷兩種不同方式。採用面訪方式所做的調查結果，只有一%的女性承認曾經對丈夫不貞，至於採用電腦問卷方式所做的無記名調查結果，則有六%以上的女性承認曾經對丈夫不貞。

社會的趨勢也會影響調查結果。當人們活得愈久、身體愈健康時，終身不貞的比率當然也會出現改變。對老年人來說，威而剛可以幫助生理機能，在遲暮之年仍享有性生活，如此一來自然會提高不貞的比率。此外，雌激素和睪丸素的補充目前也已經普遍應用於女性，以改善更年期缺乏性慾和陰道不適等問題。甚至，髖關節置換手術也改善老年人的肢體更靈活，維持社交與異性互動。

至於年輕夫妻，甚至是新婚夫妻的婚外情比率，為什麼會愈來愈多？真正原因並不清楚，或許是因為婚姻常被人們詛咒的緣故。如今愈來愈多夫妻在婚前就開始同居，根據美國的人口普查結果，二〇〇七年有六百四十萬名異性戀人同居，對比三十年前卻只有不到一百萬人會這麼做。研究結果顯示，最高不貞比率的族群就是那些婚前同居的夫妻，一旦他們結婚了，婚前的欺騙習慣很可能在婚後持續發生。

此外，幾乎所有關於不貞的研究結果都一致顯示，男性比女性更容易被欺騙。雖然男性不貞的發生機率較高，但是男女的差距可能不像報導經常宣稱的大。許多研究人員認為，女性未必都誠實，她們很可能在說謊。《愛慾》（Anatomy of Love）一書的作者是羅格斯大學的人類學家費雪（Helen Fisher），她在書中探討不貞的議題，認為不貞在任何文化社會都有可能發生，沒有證據能證明狩獵採集社會的女性比男性較少偷情。就算是在美國這樣的已開發國家，不貞肇因於文化壓力的說法，也比男女的性慾差異來得多。擁有許多伴侶的男性，傳統上被視為勇猛，對比擁有許多伴侶的女性，卻被說成是濫交。從歷史上來看，女性想外遇是困難重重的，她們往往和小孩一起被關在農場或家裡，獨自外出尋歡的機會幾乎微乎其微。

不過婚姻治療學家表示，現代已婚女性有更多時間在辦公室或出差旅遊，就算是每天在家的主婦，也可以透過手機、電子信箱和臉書，不出門就能擁有親密的兩性關係。專門處理家庭危機和夫妻治療的亞特蘭大心理學家皮特曼（Frank Pittman）發現，愈來愈多女性熱中於「網路戀情」。這些女性在一頭栽進肉體關係前，早就捲入了情感的不忠。

儘管如此，婚外情仍然不算普遍。加州鼠研究專家古柏尼克說：「世界上仍有許多男性抱持著一夫一妻制的觀念，對伴侶始終如一，只是大眾輿論輕描淡寫了這個事實。」就像被誇大的離婚統計數據，過度膨脹的不貞比率使得當代夫妻瀕臨險境。如果我們相信，多數人的婚姻都以離婚或外遇收場，那麼我們就很容易對忠貞、婚姻和自己的行為產生矛盾的看法。事實上，絕大多數的人仍然認為婚外情是不對的，並且也不像媒體報導的那樣愛劈腿。

為什麼有些人更能信守承諾？

這正是加拿大蒙特婁市中心麥基爾大學實驗心理學家萊頓（John Lydon）感興趣的問題之一。他回憶起自己還是大學生時，學校所舉辦的畢業舞會上，「總是有人在問，多少人訂婚了、多少人分手了。」

那些回憶，正是萊頓決定在麥基爾大學做一連串承諾研究的基礎。他追蹤那些一上大學就把高中女友甩了的學生，研究不同的人如何回應誘惑與察覺兩性關係的威脅。他發現有承諾關係的人，會根據威脅大小對誘惑做出不同的回應。首先，研究人員會給有承諾關係的男女看一堆誘惑者的照片，但是在另外一個場合，則會給這些男女看照片，同時告知誘惑者私下對他們感興趣。第一種情況下，男女都會很自在的承認照片上哪個人有吸引力；但是第二種情況下，當被告知有人對他們感興趣時，這些男女就不太願意評比哪個人較有吸引力了。

也就是說，當誘惑者成為威脅或具有潛在危險時，一般人的反應就是「貶低」他們，藉此降低對自己的吸引力。萊頓表示，愈是信守承諾的人，愈是感覺其他人不具吸引力，這樣的反應有助維繫兩性關係。當男性在捍衛兩性關係、防堵潛在威脅時，一定會說：「這女人沒什麼大不了。」此外，麥基爾大學的研究結果也發現，男性出軌時比女性冒更大的危險。其他研究結果則顯示，女性在面對潛在威脅、被非配偶的異性吸引時，相較於男性更能憑著直覺來保護兩性關係。可見，女性腦袋的反應不同於男性。

某項針對三百位男女的研究，科學家要半數參與者想像自己正和誘人的異性展開充滿挑逗的對話，其餘參與者則是想像自己和同性友人有一場平凡的相遇。接著，科學家將這段激情的對話與無聊的相遇情境，進一步再做擬真的想像，然後要求參與者玩填空遊戲，你也不妨試做看看。

測驗1 你對調情的反應是什麼？

想像以下的情境，盡可能真實，好像事情就發生在你的身上。之後，你會被要求完成一些單字，以便分散你剛剛沉浸在想像中的注意力。完成填字遊戲後，你會被要求回想——這就是為什麼要盡力想像的原因。

想像你坐在咖啡館裡，邂逅了一位你覺得很有吸引力的朋友或同事。請花一點時間讓這個場景具象呈現，並且盡可能逼真。你遇到的這位男伴或女伴真的很高興見到你，而你也很高興看到這個人，於是兩人開始了愉悅的對話，以至於你忘了時間，最後才想起該回家了。離開時，這個人把他（她）的電話號碼給了你，好讓你改天再約對方一起喝咖啡。現在休息一下，從想像中回神過來，試著完成下面的英文單字。

LO__AL

DE__ __TED

C__ __MI__ __E__

INVE__TED

BE__A__E

THR__ __T

測驗分析——

腦海中感覺自己被調情的女性，最可能把這些單字看成是承諾和威脅的字眼，她們很可能完成以下這些英文單字：

至於腦海中想像自己正在和誘人女性調情的男性，最可能完成以下這些英文單字：

LOYAL（忠誠的）

DEVOTED（忠實的）

COMMITTED（守承諾的）

INVESTED（投資）

BEWARE（當心）

THREAT（威脅）

LOCAL（本地的）

DELETED（刪除）

COMMITTEE（委員會）

INVESTED（投資）

BECAME（變成）

THROAT（喉嚨）

萊頓表示，男女的差異如此顯著，代表女性一想到婚外誘惑，就會啟動大腦的「警鈴」裝置。然而，誘惑對男性似乎沒有產生相同的作用。

在另一組實驗，科學家想要研究真實世界裡的邂逅（而非只憑想像），觀察男女在真實生活裡邂逅了誘惑者後如何面對配偶。在實驗組，研究人員將受試夫妻與訓練有素的漂亮演員混在一起，這些演員假裝自己也是參與研究的受試者；至於對照組，則是混入不交談的冷漠演員。經過與誘人、打情罵俏的陌生人相處後，夫妻被要求想像配偶做了令自己傷心的事，例如約會遲到或謊報行蹤。然後，研究人員要他們說明會不會原諒配偶。比較未被調情的男性，曾和調情女演員相處的丈夫，較不可能原諒妻子假設性的壞行為。然而，女性的反應卻正好相反。比較和冷漠演員相處的女性，曾被調情的妻子較可能原諒丈夫的過失，甚至還會為他找藉口。

這項研究發現指出，男性在面對同時也對他感興趣的誘惑者時，開始覺得較不受承諾束縛，因為他將眼前的新女性視為好的選擇。相對的，因為女性把誘惑自己的男性視為威脅，所以會藉由加強自己對配偶的感情來為有缺陷的行為開脫。這項研究有更深入的了解，知道男女如何反應調情的邂逅，期望夫妻找到方法自我保護，避免不貞的誘惑。因此，研究人員提供一些改變思維、抵抗誘惑的建議。

對策之一，是事先計畫。事先計畫應付方法，有助於避免誘惑。這個道理就如同在平日就要做好消防演習是一樣的意思，等到危機突然降臨、沒有太多時間反應時，事前的演練就能及時喚回心理和肌肉的記憶，在短時間內做出適當的反應。同理，平常就想過如何處理同事獻殷勤，或是與誘人的陌生異性邂逅獨處時的回應方法，事到臨頭才不會茫然無所適從。在另一項研究中，一群受試男性被告知，想像週末在酒吧遇到一位正妹，女朋友又剛好出城不在身邊。之後，其中有些人被要求完成以下的句子：

當那位女孩走過來時，我會＿＿＿＿＿＿＿＿來保護我的兩性關係。

接下來，男性受試者被要求在不同的房間玩情境遊戲。在某些房間裡，誘人的女性照片以一秒幾千張的速度來回轉動，研究人員說，速度之快會讓他們毫無意識，但是潛意識還是看得到。結果，剛剛已經完成上面句子的男性會傾向避開有女性影像轉動的地方，而未完成上面句子的男性，則會走進有那些照片的房間。

研究結果顯示，受誘惑而分心時，抑制不當的念頭是有可能的。面對誘人的女性上門時，男性常會用這個方法來抑制不當的念頭，不過往往卻做錯了，只會不斷的告訴自己「要抗拒、要抗拒」。對此，兩性專家表示，面對誘惑時，一味的抗拒是錯誤的。想想人們在節食減肥、決心戒掉像冰淇淋這類最喜歡的食物時，第一個反應是什麼？往往是渴望再吃一口冰淇淋。同理，告訴自己即使想著另一個人都是不被允許的，這麼做反而會讓你瀕臨危險想要奔向對方。此時最好的解決辦法，就是在你的腦海裡填滿伴侶的影像，或是盯著他（她）的照片一直看，如此一來就會將腦海中的誘惑影像移除。

科學實驗和統計數據都明白顯示，一夫一妻制在動物的世界裡或許不是規範，但是動物和人類確實可能在社會和性行為對另一半忠貞。當然，人類渴望忠貞似乎是例外，而非動物界的常態。但是人類在其他方面也有許多例外，為什麼在一夫一妻制這方面就不行呢？人類本身就有控制衝動的能力，這正是區別我們不同於低等生物的重要特徵。結婚是為了尋找終身伴侶，科學也證實我們是適合婚姻和承諾的。然而，又是什麼原因，會讓我們找尋真愛、燃燒熱情做出承諾呢？答案當然是「愛」囉！在生物交配的平衡裡，愛是最重要的因素；在人類兩性關係的科學研究領域，愛也是最難解的課題。

3

愛情有什麼道理

毛姆（W. Somerset Maugham）：「愛情，只不過是上天為了要人類傳宗接代所耍的賤招。」

一九六〇年代末，研究生海特菲爾德（Elaine Hatfield）在史丹佛大學唸心理學。她的同學正專注在數學模型和老鼠行為，希望藉此探查人心。然而，真正讓海特菲爾德感興趣的，是課後她和同學的對話。幾乎毫無例外的，他們全都在為搞懂約會、愛情和婚姻而傷腦筋，同時也想找出操控人類兩性關係的方法。

很快的，海特菲爾德博士將焦點著重在肢體吸引、迷戀、狂熱式愛情和性慾的研究上。一九七五年，她和同事向美國國家科學基金會申請補助金，獲得八萬四千美元的研究經費。然而，海特菲爾德博士的非正統愛情研究卻引起威斯康辛州參議員普洛斯邁爾（William Proxmire）注意。這位以舉發政府浪費公帑聞名的參議員，發表了一篇新聞稿抨擊她的研究，指出愛情是生命中最大的謎團之一，並不需要科學分析。

普洛斯邁爾表示：「我反對這項補助案，因為沒有人有足夠理由，可以主張戀愛是一種科學，就算是國家科學基金會也做不到。另一個理由，是因為我並不想知道答案。」他接著解釋：「大部分的人會在生命中將某些事情保留成謎團。最重要的是，我們並不想知道為什麼男性會愛上女性，而女性會愛上男性。」

這樣的爭論，讓海特菲爾德等研究愛情的學者，成了全國注目的焦點。《芝加哥日報》（Chicago Daily news）甚至還舉辦比賽，辯論愛情和性事是否可以當成科學研究的主題。結果如何呢？科學輸了，得票率只有一二．五％。幸運的是，懷疑主義在那天並未大獲全勝，因為最具影響力的《紐約時報》（New York Times）專欄作家雷斯頓（James Reston）出面為這項研究辯護，他認為兩性關係在科學上是個重要的研究主題。「如果社會學家和心理學家可以針對戀愛、婚姻、幻滅、離婚和拋下小孩等問題的答案找出模式，這將是自傑弗遜（Tomas Jefferson）買下路易斯安那州以來最好的投資。」雷斯頓如此寫道。

最後，爭辯消逝了，愈來愈多的科學家開始默默的鑽研已被認可的愛情研究。海特菲爾德後來因為發展出廣泛被運用在研究中的愛情評量表，而獲得全國傑出獎（你可以在本章稍後找到海特菲爾德博士的狂熱式愛情測驗題）。時至今日，關於愛情的科學研究欣欣向榮，來自歷史學家、社會心理學家、研究演化的人類學家、人口統計學家、經濟學家、微生物學家和神經科學家等各領域的學者，都對此做出分析和解構，並發展出深入實用的方法，來認識愛情、激情和浪漫這門學問。

調情和吸引的生物學

在愛情研究中最驚人的發現之一，就是多數的浪漫行為都是由基因規劃好的，經過祖先基因群中優勝劣敗的淘汰，成為我們DNA的一部分。

在動物界中，各物種有不同的求偶表現，例如馬的騰躍、鳥用嘴梳理羽毛，都是為了吸引注意。人類也有明顯類似的求愛儀式，我們稱為調情。最早的調情研究，是由德國動物行為學家伊伯伊貝斯費德特（Irenäus Eibl-Eibesfeldt）在一九六〇年所做。動物行為學家通常在動物自然棲地研究動物行為，伊伯伊貝斯費德特博士卻將攝影機鏡頭轉向人類，將男女之間的互動拍成影片，拍攝地點包括南海群島，巴黎、紐約和雪梨等大都市，以及遠東、非洲和南美洲的小村落。因為他使用特殊的攝影機來側拍情侶，所以他們並不知道自己已經被拍。

透過鏡頭，他發現「求愛」是一種沉默的語言，全世界的情形都很相似。不論是來自原始文化或現代都市，當男性陪伴在側，女性都有類似的肢體語言、手勢和動作。調情的語言包括微笑、抬眉到睜大眼睛、快速的降下眼皮、將下巴收起和靦腆的瞥向一側，在避開注視後，女人一貫的會把手摀向嘴邊咯咯的笑著。一如動物嘗試吸引配偶時會表現出順服的行為，情侶也會展示「看似容易受傷」的順從信號，包括手掌心朝上、聳肩，並且將頭歪向一邊以露出脖子。

「黑猩猩是與人類最相近的動物，牠會表現出順從、掌心朝上的行為或動作，來示意『我是友善的』，用這樣的方式彼此打招呼。」心理學家暨求偶研究人員基文（David B. Givens）寫道：「各地人類使用掌心朝上、手掌張開的手勢，是一種有說服力、經過時間考驗，表達『信任我，我沒有惡意』的方式。」基文博士和其他幾位社會心理學家一起研究現代人的求愛儀式。他將自己隱身在單身男女的約會地點，包括燈光昏暗的酒吧、飯店和餐館，試圖解讀男女傳遞給彼此的言語和非言語信號。

科學團隊已經有辦法解讀人類的這些舉止。路易斯維爾大學心理學教授康寧漢（Michael Cunningham）與阿拉斯加州安克拉治市的心理學教授克蘭克（Chris Kleinke）收集了大量搭訕的資料，其他人則研究了外表吸引力在男女談戀愛時所扮演的角色，或是求愛時互看對方的不同方式。還記得擺動身體的蜥蜴和趾高氣揚的鶴嗎？當女性對男性感興趣時，也會把自己具有性魅力的姿勢和身形展現出來，即使是離座走向廁所，女性也會表現出類似的動作，包括擺臀、靦腆的一瞥、舔一下嘴脣、撩撥頭髮，以及趾高氣揚的把頭向上一揚。相對的，當男性看到這樣的舉動後，則會靠回椅子上，然後鼓起胸膛、將下巴往上（想想鴿子的動作），接著他會做出大大的揮手姿勢，或是用誇大的笑聲回應朋友的笑話，繼續吸引女人的注意（想想孔雀的動作）。

聖路易斯城的衛柏斯特大學行為暨社會科學系副教授墨爾（Monica Moore），將女性為了吸引並且留住可能伴侶的注意所採用的行為，區分成五十二種調情模式，包括注視、撥頭髮、精心打扮、撫摸、傾身，以及跳舞。顯然，墨爾博士發現外表的吸引力並非尋求伴侶的最佳預測指標，最重要的反而是女性的調情能力，例如送出適當的非語言信號，來讓男人確信可以接近。墨爾指出，相較於具吸引力但不傳送信號的女性，善於傳送信號但較不具吸引力的女性更能得到男性的注意。

一旦受到注意，求愛的沉默語言最後會從四目相交發展到臉頰相碰。初期接觸時，情侶還會找藉口觸摸，例如梳理掉落的頭髮，或是拿掉領子上的麵包屑，當吸引力逐漸增加，情侶開始覺得對彼此更有信心時，就會陷入所謂的「同步」現象。許多研究都曾提到「互動同步」（interactional synchrony）的概念，也就是相處一段時間後，兩人所發展出來的獨一無二默契，不是反應就是補充對方動作的節奏。這種共同的身體動作模式在動物界廣泛可見，許多研究結果都指出，如同小孩的玩耍模式，以及母親和嬰兒之間的穩定律動，情人之間也會隨著對彼此愈來愈感興趣，而在動作上出現固定的節奏。

澳洲的研究人員曾分析，高中學生與陌生異性相處十分鐘的情形。學生被告知參與一個簡單的實驗，但是研究人員在接聽緊急電話離開後讓實驗中斷，這時攝影機開始拍攝獨留在房間裡的兩位青少年，並將每個歪頭、傾身，以及變換的姿勢都加以編碼，之後的意見調查也可顯示有哪幾組學生在等待的時間內有感覺相互吸引。

學生情侶展現的動作模式是很複雜的，但仍然可以看出即使在吸引的最初期，彼此之間已有獨一無二的動作節奏。例如，某對情侶重複著相同動作的循環：男的向後靠，女的摸頭髮後再摸臉，這樣的行為模式總共出現了三次。

其他的研究結果則是看出，當情侶彼此吸引時，會回應或反映彼此的動作。他們在椅子上坐定後，會傾身靠向彼此，舉起玻璃杯後以大約相同的速度喝下飲料。「當彼此吸引時，我們會開始有共同的節拍。」羅格斯大學人類學家費雪寫道。費城社會心理學家波普（Timothy Perper）花了上百個小時觀察單身酒吧、餐館、派對和火車站的男女，注意到人類約會時的舞蹈正是一種明顯的生物力量提示，會迫使我們去找伴侶跳舞。他提到研究中觀察到的行為模式，不只是酒吧裡釣凱子或把馬子的約會，還有陷入戀愛的兩人最顯而易見的信號，例如甩頭髮等動作和某些特定儀式。

找出在基因上相互匹配的科學

如上一章所述的一連串T恤研究，讓科學家發現了人類選擇伴侶的生物基礎。

瑞士研究人員要求各式各樣的女性嗅聞二十來歲男性穿過兩天的汗臭T恤，結果女性對其中某幾件表現出強烈的偏愛。科學家因而發現，女性真的可以找出和自己基因相似程度最高的另一半。

儘管沒有很多男女確定自己會和基因不相似的伴侶結婚，科學家對女性仍有一個建言：如果妳正在認真考慮選擇某人作為自己的終身伴侶，最好停止使用避孕藥，選擇其他節育方式，因為荷爾蒙避孕藥會讓我們分辨MHC差異的天生本能變得遲鈍。也就是說，如果你有服用避孕藥，在選擇伴侶時就要特別當心。避孕藥會如何干擾揀選的過程呢？在進一步的T恤研究中，服用避孕藥女性的選擇似乎很糟，她們偏愛和自己非常相似的MHC基因，因為避孕藥讓身體誤以為自己在懷孕狀態，不再需要找尋伴侶的生物氣味測試，因而落入了選擇基因不速配伴侶的風險。

雖然男性沒有能力找出基因差異，但是氣味會影響男性的選擇，引領他靠近準備受孕的女人。最近有一項研究，比較女性在不同經期所受到的關注，並且以男性支付給脫衣舞孃的小費來作為衡量指標。這項發表在《進化與人類行為》（Evolution and Human Behavior）期刊上的研究顯示，脫衣舞孃在排卵期賺的錢最多。研究人員將小費和經期相互比對後發現，舞孃在排卵期每五小時的輪班可賺小費約三百三十五美元，非排卵期每班只能賺兩百六十美元。如果是在經期，也就是最不可能懷孕的期間，舞孃的小費每班只有一百八十五美元，也就是說，和排卵期相比，脫衣舞孃在月經期間的賺錢能力下降了四五％。

洛杉磯加州大學心理學副教授海索坦（Martie Haselton）也曾經指出，排卵期會影響女性的兩性關係。她發現女性的穿著與受精有關。女性在接近排卵期時會比較注重外表的打扮，在受精高峰期時的聲調會較高、較嬌柔，用意就是在吸引男性的關愛與注意。更重要的是，當另一半在排卵期間，男性比較會吃醋。這項研究結果顯示，男性此刻似乎具有第六感，懂得更緊密的看守伴侶，以捍衛自己的繁殖領土。

愛情的化學作用

談過戀愛的人都知道，當愛情來臨時，真是折磨人。由於愛情充斥在內心、身體和腦袋裡，令我們對工作、朋友和許多事情分心，只專注在鍾情的人身上，無法容下其他事物。詩人和哲學家因此經常形容愛情的瘋狂和不幸。正如法國哲學家和數學家帕斯卡（Blaise Pascal）的觀察：「內心有它的理由，而理性卻對此一無所知。」

儘管內心的興之所至仍然是個謎，許多研究都顯示愛情不只是狂野、奔放的感情，而且是一種生理狀態，包含觸發全身多處改變的生物和化學反應。神經化學物質與荷爾蒙的變化，以及狂熱的愛情與性慾之間的明顯關聯，早就已經獲得證實。義大利比薩大學心理學家馬拉茲提（Donatella Marazziti）曾經替剛墜入愛河的人定期驗血，希望能分析戀愛對腦中化學物質與荷爾蒙對身體各層面運作的影響。

在一項研究中，馬拉茲提博士和同事檢驗了愛情和血清素兩者之間的關係，血清素與心情、睡眠和記憶有關。他們比較三組不同研究對象體內的血清素含量，包括最近墜入愛河的人、最近沒有新戀情的人，以及強迫症病人。（強迫症是一種焦慮症，特徵是固執的思維和重複僵化的行為。）研究人員發現，剛墜入愛河的人與強迫症病人這兩組研究對象的結果極為相似：相較於沒有心理疾病或相思病的人而言，他們的血清素含量都下降了。這項研究發現解釋了初戀時期的著迷狀態。你無法不想你的情人，簡單來說，談戀愛會讓人變得難以專注在日常工作上。費雪博士觀察後發現，熱戀中的人每天會花八五％的時間思念情人。

另一項研究，馬拉茲提博士和研究夥伴卡內兒（Domenico Canale）則是檢視戀愛如何影響其他荷爾蒙。他們再次發現人體內與愛情有關的戲劇性化學變化，其中之一是睪酮素這種對男女都會發生作用的性荷爾蒙，當陷入熱戀時，女性體內的含量會升高，而男性則會下降。同時，科學家也觀察到可體松與卵泡刺激素的變化。可體松是和身心壓力有關的荷爾蒙，卵泡刺激素則是和女性排卵、男性產生精子有關的腦垂體荷爾蒙。這些變化顯示，戀愛雖然會導致人體的生理波動，但是並不會持續太久。義大利的研究人員在十二到二十四個月之後對相同的自願者再次施測，發現他們體內的荷爾蒙含量已恢復正常值。

有些研究人員曾經分析，催產素和垂體後葉荷爾蒙在兩性關係所扮演的角色。這兩種荷爾蒙是所謂的「連結荷爾蒙」。催產素除了促進分娩，也會在餵哺母乳時釋放，並且在女性性高潮時濃度上升。至於垂體後葉荷爾蒙，則是對血壓和大腦有不同影響。科學家相信這兩種荷爾蒙影響了連結和承諾，在維持一夫一妻制和保有忠貞特質的草原田鼠身上，所偵測到的荷爾蒙就是這兩種。

這些研究，使人聯想到催產素在熱戀中所扮演的角色。馬拉茲提博士和同事測量了四十四名志願者的體內催產素濃度，有些人是最近戀愛，其他的人不是擁有長期的關係，就是仍然單身。其中，對於喜愛對象有高度焦慮的人（陷入熱戀者的共同特徵），體內的催產素濃度會升高。

測量你的激情

由於狂熱式愛情常被標示在兩性關係的初期階段，因此也是夫妻常常用來評估雙方關係品質的參考。擁有長期幸福婚姻的夫妻時常會懷念，早期兩人在一起時觸電般的化學反應。心理學教授海特菲爾德指出，大部分夫妻之間的愛情可分為以下兩種類型：

狂熱式愛情：陷入狂熱式愛情的漩渦時，會處於近乎持續強烈渴望對方的狀態，並且伴隨著性衝動。一旦感情得到回應，就會覺得滿足和狂喜；要是得不到回應，又會覺得空虛且心煩意亂。

伴侶式愛情：伴侶式愛情雖沒有濃烈的情感，卻很有力，包含了依附、承諾和親密等感情，是對生命中緊密相依者的摯愛之情。

大部分夫妻的激情和浪漫，最後都會隨時間流逝而消失，取而代之的是較平靜和滿足的愛意。由於狂熱式愛情會讓人筋疲力竭、耗盡情感，因此轉化成較不費力、更為堅定的伴侶式愛情是夫妻相處的必經之路。

在愛的光譜中，你的兩性關係處於哪一個階段？海特菲爾德教授和伊利諾州立大學心理學暨社會學教授史普蘭雀（Susan Sprecher）研發的狂熱式愛情量表，可以用來評估狂熱式愛情的認知、感情和行為等面向。儘管這個評量表已經被兩性關係學者廣泛運用，但是海特菲爾德教授指出，夫妻只要抱著好玩的心態來做測驗即可，不用依據這十五題的得分做出重大決定。海特菲爾德教授說：「愛情和生活很複雜，每個人的感情總有細微的差別。」

測驗2 狂熱式愛情

接下來，請你試做以下的測驗。回答以下問題，測驗自己陷入狂熱式愛情的程度。請以目前熱戀的人作為對象，在括弧內填入一到九最適當的數字進行評分（數字「一」表示完全不正確，數字「九」表示絕對正確），來表示你的現況。完成後請將數字做加總，然後對照測驗分析了解自己的愛情有多火熱。

（　）1. 如果伴侶離開我，我會感覺很絕望。

（　）2. 有時候我無法控制自己的思想，會像著魔似的想著我的伴侶。

（　）3. 當我做某件事讓伴侶開心時，我會感覺很開心。

（　）4. 我寧願和伴侶在一起，也不要和別人一起。

（　）5. 如果我發現伴侶在和別人談戀愛，我會吃醋。

（　）6. 我渴望知道伴侶的一切。

（　）7. 我要伴侶在身體、感情和心理上都屬於我。

（　）8. 我對伴侶的愛情無止境。
（　）9. 對我來說，我的伴侶是最完美的浪漫情人。
（　）10. 當我的伴侶觸摸我時，我感覺得到身體的反應。
（　）11. 我的伴侶一直都在我的心上。
（　）12. 我要伴侶了解我，包括我的想法、擔憂和期待。
（　）13. 我熱切尋找伴侶對我有所渴望的任何跡象。
（　）14. 我的伴侶對我有強力的吸引力。
（　）15. 當我和伴侶的關係不順利時，我會非常沮喪。

測驗分析——

- **一〇六至一三五分：**非常熱烈。你的愛是狂野、不顧後果的。
- **八十六至一〇五分：**熱烈。激情的愛火仍在燃燒，但不是那麼濃烈。
- **六十六至八十五分：**中等。滿足但偶有火花。
- **四十五至六十五分：**冷卻。微溫，不經常有激情。
- **十五至四十四分：**極端冷卻。愛火已熄。

腦袋裡的愛情

顯然，愛情會在我們的體內製造化學風暴。科學家為了探究更多知識，已經針對愛情分析人類腦部化學物質及荷爾蒙的變化。究竟，我們腦袋裡的愛情是什麼樣子呢？

直到不久前，這個問題才有了答案。一九九〇年代，功能性磁振造影（functional magnetic resonance imaging, fMRI）的技術有了突破，科學家才有辦法研究頭腦裡的愛情。傳統的儀器是用強力的電磁波檢視頭部或身體的構造，常用來分析腦腫瘤、中風和其他腦部問題，新式磁振造影可以進一步追蹤腦內的血氧量。當腦的某部分變得活躍時，該區的小血管就會擴張，讓更多血液流入。因此，新式磁振造影可以用來觀察大腦對聲音和視覺影像等情感刺激的回應。

一九九三年，一群德國神經科學家率先掃描人類腦部，觀察狂熱式愛情等各種感情狀態的模樣。結果發現，透過腦部掃描器所看到的戀愛狀態就像是「精神混亂」的樣子。七年後，倫敦大學學院的科學家巴拓司（Andreas Bartels）和塞奇（Semir Zeki）決定，採用新的工業技術來探究愛情的神經基礎，想知道當人類陷入熱戀時，是由大腦的哪些部位做出反應。他們找來在狂熱式愛情測驗題得分很高的十一名女性和六名男性，這些志願者都公開宣稱自己「愛得很真、很深，而且很瘋狂」。

結果不出所料，腦部掃描影像顯示，當我們看到某人的臉而感覺狂熱愛意時，大腦的某個固定區域就會變得積極而且活躍。巴拓司和塞奇指出：「這些人類最豐富的經驗，是由大腦某個特定功能的系統所主宰。」也就是說，愛情不只是強而有力的感情，也是顯而易見的生理狀態，會在我們的大腦產生真實可見的改變。

愛情真的會讓人抓狂

在腦部掃描研究裡有個有趣的發現：狂熱式愛情會降低腦部有關批判性思考區塊的活躍度。也就是說，談戀愛會削弱你的判斷能力。

這個發現或許可以解釋，為什麼墜入愛河的人常會做出不好的決定。你是不是常常看到朋友為了新戀人而神魂顛倒？他們會對近在眼前的警訊視而不見，像是對方愛發脾氣、忘記打電話，甚或有可能已婚等。為了配合所愛的人，談戀愛的人會做平常不會做的錯事，例如上班遲到，或是忽略重要的期限。他們也愛把情人理想化，而忽略顯而易見的缺點，畢竟此刻腦部主宰判斷和負面情感的區塊都已經關機停工了。

腦部掃描的影像也可以解釋，為何我們會感覺與情人密不可分。掃描結果顯示，狂熱式愛情會讓腦部有關酬賞和上癮的區塊活躍。當我們戀愛時，會覺得再怎麼愛一個人都嫌不夠。研究人員解釋，會出現這樣的腦部影像，是因為「愛情的力量會給人刺激和振奮感」。人類學家費雪博士、紐約州立大學石溪分校的心理學家亞倫（Arthur Aron），以及來自愛因斯坦醫學院的研究人員布朗（Lucy Brown），都對大腦這個獨一無二、啟動戀愛的系統做了進一步的研究。浪漫的吸引力，會啟動腦部多巴胺接收器大量集中的區塊，這種化學傳導物質和藥物上癮、渴望及興奮有關。費雪博士提到，年輕戀人顯現的多巴胺效應現象，包括精力無限、不睡覺、失去胃口，以及渴望得到情人的注意等。的確，戀愛中的人就像是對某種事物上癮的人，只要沒有見到對方就會變得焦慮、無法集中精神。不過，只要一個小小的感情安慰劑（例如一通電話，或是一封簡訊），就可以讓他們平靜一陣子。

腦部掃描的研究在許多方面都顯示，因為熱戀而陷入的狂亂狀態是重大的心理健康危機，它在大腦引起的化學風暴，和藥物上癮及強迫症極為類似。愛情真的會讓人抓狂。

在最近的腦部掃描研究中，費雪博士和同事觀察了十五名曾經陷入熱戀，但是目前正承受失戀痛苦的人。在進行腦部掃描前，會先給他們看「中立者」的照片，也就是他們認識但不具強烈愛意的人，之後再給他們看舊情人的照片。這些失戀者的大腦影像，提供了分手為何讓人如此難受的線索。當受試者面對逝去的戀情時，顯現的是多巴胺系統的活動，指出他們對舊情人還維持強烈的情感。受試者腦部另一個顯現活躍的區域，則與冒險、情緒控制，以及妄想和強迫等問題有關。值得注意的是，掃描結果顯示失戀者腦部的某個活躍區塊，會帶來生理上的不適。

利用腦部掃描研究感情變化，仍是一門新的科學。不過，透過影像的確可以發現兩性關係的潛在問題，找到和配偶吵架、戀情告吹等事件讓人感覺痛苦的原因。費雪博士提到，戀愛中的男女如果會被對方看不起，就「不是好的結合」。

她說：「雖然你感受到濃烈的愛意、願意冒更大的危險、承受身體的傷痛、瘋狂的想著對方，並且努力控制自己的脾氣，但是你並未用全部的認知能力在處理事情，很可能你有部分的理智被阻斷了。」分手總是很難做到的事。

可以確定的是，人類最原始的本能會引領我們來到伴侶身邊，也會讓我們在最佳的時機下結合、生出健康的下一代，並且擁有健全的性生活和忠貞的兩性關係。雖然我們已經知道，愛情是因為體內荷爾蒙產生化學作用的結果，生物的衝動和基因的行為模式會點燃相互吸引的火苗，但是這一切並未告終。當我們找到伴侶之後，還要小心維護愛的火苗，努力維繫讓兩人在一起的激情持續。

從分析戀愛到改善婚姻

愛情是很複雜的感情，阿拉伯語中就有超過半打以上的字眼在形容它。蘇愛夫（Ahdaf Soueif）的小說《愛的地圖》（The Map of Love）曾經有以下的描述：

「Hubb」是愛，「ishq」是兩個人緊密交織的愛，「shaghaf」是在心頭烙印的愛，「hayam」是在人間遊蕩的愛，「teeh」是迷失自我的愛，「walah」是帶著悲傷的愛，「sababah」是從毛細孔散發出來的愛，「hawa」是和空氣與墜落脫不了關係的愛，「gharm」是願意付出代價的愛。

任何愛過的人即使不懂阿拉伯文，也會知道所有的愛都不同。我們對小孩的愛和對朋友、情人或配偶的愛都不一樣。即使在浪漫的兩性關係裡，我們也會經歷不同程度的愛，甚至感覺到愛的種類隨時間而改變，有初戀時緊張不安的激情、婚姻生活的安定與滿足，以及終身相守的穩固關係。

費雪博士提到，人類能夠感覺不同形式的愛，是進化附帶產生的結果。貪求、吸引和依附的情感，和不同的神經傳導物質與荷爾蒙有關。這些「情感刺激」系統，會影響繁殖的三個面向：性慾會刺激人類尋求伴侶，與吸引有關的神經迴路會刺激男女選擇基因相似程度較高的伴侶，而和依附有關的大腦系統則會讓關係長久維繫，以繁衍與養育下一代。然而，這樣的科學解釋卻掩蓋了愛的豐富與多樣性。如果我們夠幸運（大部分的我們都這樣幸運），在人生中找到了愛，儘管它有許多形式（例如浪漫之愛讓人暈眩、伴侶之愛令人欣慰，以及圓熟之愛歷久不衰），了解不同形式的愛，並且明白愛會隨時間改變和進化，可以幫助夫妻理解自己的感情與關係。

讓我們從最基本的表達愛意開始，練習說「我愛你」。對你來說，這三個字的意思是什麼？大部分的人都以為自己知道答案，事實上人們在說「我愛你」時，常常會有不同的意思。對於愛，加州大學社會學家海特考夫（Terry Hatkoff）區分出以下六種基本形式：

- **浪漫之愛：**受到激情和性慾吸引的感情。
- **好友之愛：**帶有深厚情誼和關心的感情。
- **理性之愛：**受到金錢、宗教和價值觀等實際問題所影響的感情。

- **遊戲之愛：**享受相互調情和挑戰所帶來興奮的感情。
- **占有之愛：**受到忌妒和著迷影響的感情。
- **無私之愛：**包含照料、疼惜和犧牲的感情。

海特考夫博士發展出一份愛情評量表，評估不同的人對愛的定義。這份評量表不僅經過數千位男女測試，同時也是家庭治療師普遍使用作為研究和分析的工具。大多數人的施測結果，會出現兩到三個明顯的愛的形式，然而丈夫和妻子的回答卻常常不一樣。雖然這份評量表可以幫助你明瞭自己的愛意，更重要的是你也必須知道另一半的感覺。想想看以下的情節：

夫妻兩人外出吃晚餐，當服務生對妻子調情時，丈夫似乎沒有留意，反而提起他有幫她的車子換機油。於是，妻子對丈夫「不吃醋」的行為感到沮喪，而丈夫卻因為妻子沒有讚賞他努力保養車子而心煩。妻子在想：「如果他愛我，就會在其他男人碰我時吃醋，但是他從來不以為意。」對此，海特考夫博士解釋：「丈夫並不認為那件事與愛有什麼重要的關聯，但是妻子卻覺得至關重要，因為她用自己的想法在評斷丈夫。」

愛情評量表會顯示妻子在「占有之愛」獲得高分。因為在她的心裡，吃醋忌妒是評量某人感情程度的方法。至於丈夫則在「占有之愛」的得分很低，反而是在「理性之愛」的得分很高。如果妻子能夠明白，就會知道丈夫花時間幫她換機油就是愛她的最有力證明。同理，丈夫也懂得用半開玩笑的方式，來取笑服務生的調情了。請試做海特考夫博士的愛情評量表，幫助你辨識自己最重視的愛是什麼，或許結果會讓你嚇一跳。另外，也請和另一半比較測試結果。

測驗3 定義你對愛的看法

請你試做以下的測驗。請回答以下問題，若答案為「是」請打勾，即使你覺得那個問題無法形容你的感覺，仍然必須回答一個最適合的答案。接著加總得分（一個勾計算一分），最後對照測驗分析了解自己對愛的定義。

（　）1. 我相信「一見鍾情」是有可能的。

（　）2. 我們第一次親吻或是摩擦臉頰時，我會有明確的生理反應（感覺溼潤、勃起）。

（　）3. 我們相遇不久後就接吻了，因為彼此都想要。

（　）4. 通常首先吸引我注意的，是對方迷人的外表。

（　）5. 第一次碰觸對方的手時，我就知道自己可能墜入愛河了。

（　）6. 還沒戀愛前，我早就對愛人的模樣有了非常清晰的想法。

（　）7. 我喜歡和情人一樣，擁有相同的衣服、帽子、植物、腳踏車和車子等。

（ ）8. 直到過了一段時間，我才察覺自己戀愛了。

（ ）9. 除非事前曾經關心對方一陣子，否則我無法產生愛意。

（ ）10. 我和每個曾經談過戀愛的人，幾乎仍然是好朋友。

（ ）11. 最好的愛情，是從長久的友誼中培養而來。

（ ）12. 愛情裡最棒的部分，是生活在一起、一起建立家庭和扶養小孩。

（ ）13. 親吻、愛撫和做愛都不能急，有足夠親密關係後就會自然發生了。

（ ）14. 很難正確的說，我是什麼時候開始戀愛的。

（ ）15. 最好的愛情，是那些維持最久的關係。

（ ）16. 當事情進行得不順利時，我會感覺胃不舒服。

（ ）17. 當我戀愛失敗時，我會難過得甚至想要自殺。

（ ）18. 有時候我會因為戀愛，而興奮得睡不著覺。

（ ）19. 當情人沒有注意到我，我會感覺渾身不舒服。

（ ）20. 戀愛時，我會很難再對其他事情集中注意力。

（ ）21. 如果懷疑情人和別人在一起，我會無法放鬆。

（ ）22. 當情人注意別人時，我會情不自禁的吃醋，即使我不想這樣。

（　）23. 至少曾經有過這麼一次經驗，明明我認為戀情已經結束了，然而再一次看到對方時還是會在心裡湧現往日情懷。
（　）24. 如果情人忽略我一下子，偶爾我會做些傻事來引起他的注意。
（　）25. 基於實際考量，在做出愛的承諾前，我一定會考慮是否願意跟對方牽手過一輩子。
（　）26. 選擇情人前，小心的規劃人生是很合理的事。
（　）27. 最好是愛上擁有相似背景的人。
（　）28. 選擇情人的主要考量，是對方會為我的家庭帶來影響。
（　）29. 是否能當個好爸媽，是我選擇伴侶的主要考量。
（　）30. 我無法真心愛上我不願意與對方結婚的人。
（　）31. 我不會和自己不想談戀愛的人約會。
（　）32. 選擇伴侶的主要考量，是對方會為我的事業帶來影響。
（　）33. 為了可能擁有下一代，深入交往前我會設法弄清楚對方和我的遺傳基因相似程度。
（　）34. 我總是想讓情人有點不確定自己的忠貞程度。
（　）35. 戀愛中有趣的部分，就是測驗一個人欲擒故縱的技巧。

（　）36. 就我的情人來說，不知道我的事也不會讓他感覺傷心。

（　）37. 我至少曾經一次小心的計畫腳踏兩條船，而且沒有被雙方發現。

（　）38. 我可以很輕易又快速的從逝去的戀情中恢復。

（　）39. 我喜歡和有吸引力的人調情。

（　）40. 如果情人知道一些我和其他人做過的事，會很不高興。

（　）41. 即使我不想和對方進一步交往，但看看自己是否有辦法和對方約會仍然是件有趣的事。

（　）42. 當情人的表現很糟糕時，我會試著用自己的力量幫助他度過難關。

（　）43. 我寧願自己受苦，也不願讓情人承受。

（　）44. 除非把情人的幸福放在自己之前，否則我不會覺得幸福。

（　）45. 當我和某人分手時，我會想盡辦法確保對方沒事。

（　）46. 我通常會願意犧牲自己的願望，來幫助情人完成夢想。

（　）47. 如果情人懷了別人的孩子，我會視如己出的愛他並且養育照顧。

（　）48. 我寧願和情人分手，也不願自己成為對方的阻礙。

（　）49. 我擁有的一切都是情人的，都要依照對方的選擇。

（　）50. 如果情人有一陣子沒來看我或沒打電話，我會替他找到好理由。

測驗分析——

- 一至七分　浪漫之愛
- 八至十五分　好友之愛
- 十六至二十四分　占有之愛
- 二十五至三十三分　理性之愛
- 三十四至四十一分　遊戲之愛
- 四十二至五十分　無私之愛

可能你至少會在某個類型的題目打勾，也可能會在兩個或三個類型的題目打勾，獲得最多「是」的答案。請檢視這些類型的題目，並且理解自己對「愛」的定義。更重要的是，也請你留意另一半所定義的愛情價值觀。

海特考夫博士說：「我已經給成千上萬人做過這份評量表了，並沒有人在某個項目獲得滿分、其他五個項目得到零分。通常，大家在六個項目都會有得分。」她進一步解釋：「愛的形式未必要一樣，只要能夠了解另一半的想法，不再犯下溝通不良的錯誤就行了。」

4

性的科學

霍桑（Nathaniel Hawthorne）：「彼此相愛的人同枕共眠，是多麼幸福和神聖的習慣啊！」

相較於一般人更多次走進教堂聖壇的莎莎．嘉寶（Zsa Zsa Gabor），曾經表示自己對性事一無所知，她解釋：「因為我總是在結婚」。

不少人相信，最能終結性生活的方式就是結婚，然而實際情形卻又複雜許多。儘管許多夫妻在婚後對性事缺乏興致，但就追蹤男女性生活的統計數據來看，已婚夫妻做愛的次數比任何人都多。如果你和大多數夫妻一樣，或許現在會覺得這個統計數據難以置信，然而這麼多年來，一項又一項的研究結果顯示，相較於未婚、離婚、寡居，甚至是未婚同居的人，已婚人士的做愛頻率確實是最高的。這未必表示已婚者的性生活非常頻繁，但是卻可以顯示，家花不需要比野花香也會獲得青睞。雖然單身者可以和一個或多個伴侶偶爾來個幾回新鮮、刺激或尋常的性事，但也意味著性生活經常會有乾旱期。儘管已婚者或許不必每晚從大吊燈降下，然而事實證明婚姻還是最能保證享有性生活的方式。

即使如此，性事也是異性戀夫妻常見的婚姻衝突來源（同性戀伴侶比較不可能為性事爭吵）。許多丈夫覺得受挫，因為他們比妻子更常要求性事。妻子也覺得失望，因為除了性事，她們的丈夫似乎都很健忘，忽略女性的一天裡還有許多事要忙（例如工作、家事和小孩）。在許多婚姻裡，性事是最矛盾的問題。女性表示，她們很願意更常做愛，只要丈夫願意多幫忙照顧小孩、承擔更多的家事和表達更多愛意與情感，好讓她們有做愛的興致。在此同時丈夫也說，如果沒有規律的性事，會讓他們覺得心灰意冷和胡思亂想，一旦享有更規律的性事，必然會更願意幫忙、更常表達濃情蜜意。

包括生理差異、健康、壓力，以及兩性關係的問題等諸多因素，都會影響夫妻性生活的品質和次數。了解這些影響個人性慾問題的原因，有助於夫妻解決親密關係衝突。即使處於無性婚姻裡，仍然可以找到接受和照顧另一半的方法。

對大多數夫妻來說，能享有愈多的性事，婚姻就愈幸福。但是，在浪漫的兩性關係中，熱情和性事是兩回事。在促使人們結為夫妻的原因裡，外表的相互吸引，以及性所引起的化學作用占了很大的比重。對良好的婚姻來說，維持親密和性事可能還是重要的。大部分的人都知道，婚姻生活的挑戰就在於維持積極的性生活，或是重啟已經顯露疲態的性事。幸運的是，已經有許多關於婚姻性生活的研究，提供了真知灼見和答案。

蜜月效應

有好幾位研究人員，試圖剖析夫妻的性生活如何隨時間改變。紐約大學社會學家傑索（Guillermina Jasso）發現，歷經令人頭暈目眩的第一年婚姻後，夫妻的性生活大幅減少。結婚屆滿十三個月時，夫妻做愛的次數大約是一週一次（一年少於五十二次），相較於新婚第一個月少得多（其他研究結果顯示，婚後一年大約減少五成）。這樣的情形在第二年仍然持續發生，但會減緩許多。當結婚滿兩年又一個月時，夫妻的做愛次數比前一年少了十二次。相較於婚後五年，結婚第十年的做愛次數更少，已經減少為大約一個月一次。為了比較全世界已婚者的性生活，喬治亞大學的研究人員布魯斯（Alexandra Brewis）和梅耶（Mary Meyer）研究了超過九萬名來自亞洲、非洲和美洲十九個國家的婦女資料。儘管有細微差異，整體仍然清楚可見：結婚愈久的夫妻，性生活愈少。

你的性生活，是不是符合研究人員的預測？請透過接下來的測驗題，檢視結婚十年後自己的性生活有何改變。當然，這些結果只是全國抽樣的平均值。在整個婚姻過程裡，有些人會維持活躍的性生活，有些人則會大幅減少。如果你的做愛次數比預測值多，恭喜你！這是件好事，代表性事在你的婚姻裡頗受重視。如果你的做愛次數比預測值少，你就必須更看重性生活，努力恢復與伴侶的親密接觸。

測驗4 性生活會隨時間改變嗎？

一、結婚第一年，每週會做愛幾次？

1. 一週一次，一年五十二次
2. 一週兩次，一年一百零四次
3. 一週三次，一年一百五十六次
4. 一週四次或以上，一年兩百零八次或更多

二、結婚滿三年時，你覺得性生活頻率有何改變？請根據直覺選擇。

1. 一個月一到兩次
2. 大約一週一次
3. 一週兩次
4. 一週三次

三、結婚滿十年時，你覺得性生活頻率有何改變？請根據直覺選擇。

1. 偶爾
2. 大約一個月三次
3. 幾乎一週兩次
4. 一週兩到三次

為什麼婚後性生活的頻率會下降？部分原因可能是性事會隨年紀增長而減少，但是這個規則卻不適用於年輕女性，有些研究結果指出女性的做愛頻率在三十歲前會隨年紀增加。整體而言，隨著年紀增長，做愛頻率在三十歲以後大約每十年下降兩成，六十五歲以後的降幅則會變得更大。不論時間長短，大部分結過婚的人都會發覺，隨著夫妻在一起的時間愈久，交往之初曾經熊熊燃燒的愛火會逐漸熄滅（這和腦中浪漫之愛的化學作用有關），求愛初期大腦會啟動多巴胺系統，隨著夫妻相處時間增加而逐漸平靜，進入滿足於彼此陪伴依附的狀態。

康乃爾大學教授海森（Cindy Hazan），精確記錄充滿激情的熱戀階段持續時間。她訪問三十七種文化的五千名男女，了解他們在求愛和婚姻階段的性生活。她發現，大部分夫妻的熱戀階段會在婚後十八到三十個月結束。其他研究結果顯示，在第一年婚姻裡，性事頻率大約下降五成，這項發現被稱為「蜜月效應」。有些研究指出，性事頻率之所以下降，起因在於喪失新鮮感。當做愛是新鮮且刺激的事時，你會很渴望並且時常做；但是就像一輛新車、夢想中的度假地點，或是最愛的食物，一旦新鮮感褪色，你就不會再像以前那樣興奮了。

對於婚後做愛頻率下降有個比較樂觀的理論，就是已婚夫妻在性事上比較有經驗，所以雖然頻率下降，但是品質有所改善。兩性關係研究人員偉特（Linda Waite）和喬依納（Kara Joyner）在分析「全國健康和社交生活調查」（National Health and Social Life Survey）的資料後支持該理論的看法：已婚夫妻要比單身者或未婚同居的人擁有更圓滿的性生活。在漫長的中年階段，由於伴侶雙方都知道如何正中目標，因此相較於年輕時青澀且缺乏技巧的歲月更加令人滿意。

有些研究指出，對於一段關係許下承諾，會降低女性對性事的興趣。這個發現或許對許多男性來說並不意外。來自德國漢堡埃朋多夫大學的研究人員訪問了五百三十名男女，了解他們的兩性關係和對性事的興趣。結果發現，三十歲的女性受訪者中有六成在關係開始時「經常」想要做愛；但是在四年之後，這個比率下降了超過一半；二十年後，只有五分之一的女性想要規律的性生活。然而，對性事興趣陡降的現象並沒有出現在男性的研究結果，男性希望享有規律性生活的比率仍維持在六到八成之間。這項研究還發現男女之間另一個明顯的差異，不論在一起的時間長短，大約有九成的女性認為「溫柔」很重要；但是對結婚很久的男性而言，溫柔並不受到重視，只有四分之一與另一半結婚十年或以上的男性表示，他們渴望來自伴侶的「溫柔」。

與做愛有關的數據

麥斯特斯（William Masters）和強生（Virginia E. Johnson）所組成的研究小組，

在觀察過上百對夫妻做愛後，歸納出人類性反應週期的幾個階段（包括興奮期、高原期、高潮期和消退期）。著名性學大師金賽（Alfred Kinsey）曾招募三百名男性參加射精距離研究，目的在研究射精力量是否為受孕的潛在因素，結果發現並不是。

社會概況調查（General Social Survey）是分析美國人性生活的最好資料，是由總部設在芝加哥大學的全國意見研究中心（National Opinion Research Center）所實施的態度和行為大型調查。另一項相關的研究則是稱為ＩＳＳＰ的國際社會調查計畫（International Social Survey Programme），蒐集了四十一個國家的資料。自一九八八年起，社會概況調查蒐集了關於受訪者的性伴侶人數、性交頻率和婚外兩性關係的資料，發現受訪者的性活動雖然在一九七〇年代和一九八〇年代有所起伏，但是自一九九八年起，該項統計數據幾乎就維持不變了。

調查結果顯示，成年人平均一年的做愛次數是五十八次，平均做愛時間大約持續三十分鐘。當然，這些數據只是平均數，有些人的做愛次數更多，有些人的或許更少。根據調查報告，大約五%的人一週至少做愛三次、大約二〇%的人沒有性生活至少一年（其中多數是寡婦），其他人則介於兩者之間。平均來說，已婚夫妻十分幸運的可以有機會經常做愛。

已婚者的每年平均做愛次數是一年六十六次（但是，「最幸福的」夫妻是七十四次），三十歲以下的夫妻則是一百一十二次。相較之下，十八到二十九歲單身者的平均做愛頻率是一年六十九次。四十歲夫妻的每年平均做愛次數降為六十九次，四十歲的單身者則是五十次。至於超過七十歲的單身者，每年平均做愛次數只有三次；超過七十歲的已婚者，每年平均做愛次數則是十六次。分析資料後，研究人員整理出以下的趨勢：

性事會隨年齡減少。三十歲以後，做愛頻率每十年大約會減少二〇%，直到六十四歲為止。到了六十五歲，則會大幅減少六〇%。接近生命終點的陡降，往往肇因於健康問題和守寡，寡婦占了兩成無性生活至少一年的多數。

性就像財富，呈現不規則的分配。研究結果顯示，大多數財產是由極小比率的人口所累積，性事也是一樣。大約一五％的成人占所有性事的半數。

努力工作的人，是最好的情人。令人吃驚的是，長時間工作的人是最有可能做愛的人。每週至少工作六十小時者的平均做愛次數，比有許多空閒時間的人多出一〇％左右。

小孩不會壞事。為人父母者，經常抱怨有了小孩就沒時間做愛，其實他們比單身者的做愛次數更多。

如果音樂是愛的食物，請播放爵士樂。喜愛爵士樂者，比其他人的做愛次數多三〇％。

宗教信仰會影響性生活。相較於信基督教的人，信猶太教或不可知論者的做愛次數多二〇％。

單身者與已婚成人每年平均做愛次數		
年齡	未婚	已婚
18 ～ 29	69	112
30 ～ 39	66	86
40 ～ 49	50	69
50 ～ 59	31	54
60 ～ 69	16	33
70+	3	16

資料來源：全國意見研究中心。

政治激情會點燃性慾。對政治激情的人，做愛次數比較多。極端自由主義者比極端保守者的做愛次數多。相較於自認是溫和主義者或稍微保守者，積極參與政黨活動者的做愛次數比較多。

富人和窮人，都比中產階級更常做愛。收入極低者和收入極高者，都比其他人更常做愛。相較於年收入兩萬五千美元者，年收入七萬五千美元者的做愛次數平均一年少十二天。

積極的人較常做愛。不論體育運動或社會運動，參與其中的人更常投入性事。

有不良嗜好的人較常做愛。會抽菸喝酒者的做愛次數比較多。抽菸者比不抽菸者的做愛次數多一〇％。喝酒者比禁酒者的做愛次數多二〇％。同時抽菸喝酒者的做愛次數，是不菸不酒者的兩倍。

大學生較少做愛。平均而言，每增加一個教育階段，每年就會少掉一週做愛時間。高中學歷者或大學肄業者的做愛次數比大學學歷者多。

婚姻不擔保性事。調查裡，一六％的已婚者一個月沒有做愛，七％的人一年沒有做愛。

有些人死於性事。估計美國每年有一萬一千兩百五十人的死因和做愛有關。

當婚姻不再有性生活時

每對夫妻在婚姻裡的某個時期，都可能經歷性生活停滯，有些人甚至是停止做愛。大約一五％的已婚者，在過去六個月到一年之間沒有和配偶做愛。

研究性冷感婚姻的喬治亞州立大學社會學副教授董娜莉（Denise A. Donnelly）認為，夫妻做愛次數少於每個月一次，是預測婚姻不幸與走向離婚的重要指標。不過，性慾低或無性婚姻並非全然是失敗的，有時候夫妻雙方對婚姻裡只有少量性事或無性感到滿足，性事的缺乏並不會造成進一步的問題。

有個結婚超過三十年的男性寫信給我，解釋為什麼性慾低的婚姻對他和妻子行得通。他解釋：「在婚姻最初的二十年，妻子和我對再多的性事都不覺得滿足。但是當我們年過四十，健康問題卻永遠改變了我們的親密生活。我的妻子必須完全切除子宮，而我得到第二型糖尿病，這兩件事顯然改變了我倆的性慾。但是，我和妻子之間的親密感並沒有因此消失，反而更加鞏固。」他和妻子偶爾仍然會做愛，只是比以前少很多。但是，在他們三十年的婚姻裡，終身相互尊重和愛護似乎已經勝過婚姻裡缺少性生活的遺憾。他認為彼此的兩性關係不是由「改變中的身體」來定義，而是建立在終身的友誼和承諾的基礎。

只不過更常見的情形是，夫妻一方缺少了配偶的身體接觸和親密互動，就覺得不幸福。一項由董娜莉博士在一九九三年所做的研究結果顯示，比起性生活活躍的人，婚姻裡缺乏性生活的人更有可能考慮離婚。董娜莉博士認為，對夫妻來說，感覺幸福與擁有性生活兩者之間，有著互為因果的關係。她說：「幸福的夫妻，擁有較多的性生活；性生活愈豐富的夫妻，也會自認為愈幸福。不過要記住的是，做愛只是展現親密的形式之一，有些夫妻即使沒有性生活，也覺得相當幸福（和親密）。性生活多寡並沒有理想程度的差別，所謂的理想就是夫妻雙方都覺得滿意。當一方

（或雙方）覺得不開心，就表示婚姻有問題了。」

來自伊利諾州胡士托市的婚姻治療專家戴維斯（Michele Weiner Davis），著有《搶救身陷性愛危機的夫妻》（The Sex-Starved Marriage）一書。他指出，每三對夫妻就有一對因為一方性慾低而身陷婚姻難關。我在寫了性冷感婚姻的故事後，收到超過一千名性生活陷入低潮的男女來信。其中只有一小部分的人對性生活貧乏甚至告缺的婚姻感到滿足，絕大部分的人對於缺乏性生活感到非常痛苦。很多人因而離婚尋求更滿意的關係，其他人則因為小孩和金錢的問題而無法離婚。甚至還有讀者告訴我，關於他與另一名同樣身陷性冷感婚姻問題已婚者有染的故事。他們一方面繼續和所愛的人維持婚姻，另一方面卻和另一個「安全」的伴侶享受身體的親密關係。由於這位「安全」的伴侶也有類似情況，所以並不會對他的婚姻造成威脅。

對於掙扎於性慾低落和無性婚姻問題的夫妻來說，最重要的第一步就是找醫師診斷。因為缺乏性慾可能和疾病（例如低睪丸素、勃起功能障礙、更年期或憂鬱症）有關，也可能和某種藥物或癌症治療的副作用有關。有許多讀者寫信給我，解釋疾病、更年期、前列腺手術或憂鬱症會導致性功能受損。一位名為瑪莉的人告訴我，健康問題讓她的婚姻沒了性生活，但是她仍然和丈夫在一起。

她告訴我：「我們曾經擁有過性生活，一旦沒有或無法擁有時，至少對我們的關係是挑戰。」她繼續分享自己的想法：「結果就是夫妻雙方都要自問：『我還要繼續和這個人分享生活裡的其他部分嗎？我們可以在其他方面享有親密感嗎？對我而言，我們一同經歷的過去、對彼此的尊重和持續的愛意，比性生活更重要嗎？』對某些人來說，答案一直都是肯定的。」

另一位讀者譚雅也告訴我，當她的健康問題改善後，性生活卻沒有改善。「當我告別元氣大傷、生活大亂的病痛康復後，我的性慾就筆直下落，以至於丈夫和我已經好幾個月沒有做愛了。」她接著說：「我們兩個人都很沮喪，這真的是個問題，但我再也不想面對了，雖然我的腦袋告訴我，應該要有性生活，但是我的身體卻提不起勁。」然而，好消息是，如果人們願意去看醫生，大多數的問題都可以被治療。舉例來說，譚雅提到自己生病期間，感覺像被丈夫拋棄，而且這些受創的感覺至今依然存在，至少可以解釋成是某種讓她不願再和丈夫做愛的原因。就某些方面來說，譚雅很幸運，至少她知道是某些心理因素讓自己失去了「性」趣，只要夫妻雙方願意尋求幫助，靠著婚姻治療和醫藥諮詢就能讓她和丈夫再擁有魚水之歡。

儘管女性特別會被指責對性事不感興趣，但是研究結果顯示，男性往往才是對性事失去興趣的那一方。董娜莉博士在某項針對七十五對陷入無性婚姻的夫妻研究裡發現，缺乏性生活的夫妻幾乎每三對就有兩對是因為丈夫停止性事的需求。

寫作婚姻和兩性關係時，我收到許多這類女性的來信。她們時常表示，就是因為丈夫拒絕討論問題，才會讓原本需要夫妻一起解決的事變得更加困難。一位名為潔西卡的女性在信裡寫道：「我的婚姻幾乎三年沒有性生活，因為丈夫拒絕討論。」她分享：「和丈夫完全缺乏親密關係是我人生中的陰影，令我覺得非常寂寞。」

針對婚姻裡缺乏性生活的問題，還有幾個解釋。學者在一些性冷感的兩性關係研究中發現，有些人是因為一開始的做愛次數就不多，其他人則是因為某個特殊的時間點或事件（例如小孩出生或對方外遇），而澆熄了性事的興致。

夫妻彼此因為太過熟悉而缺乏新鮮感，會對性生活造成嚴重的傷害。有時候，養家活口的壓力也會阻礙活躍的性生活。驚奇的是，令全國百姓注意到該問題的人，竟然是美國前勞工部長萊奇（Robert Reich）。二〇〇三年的某次會議，他針對工作與生活兩者之間的平衡發表演說。你或許聽過雅痞（年輕、住在都市、具專業技能的人）和頂客族（領雙薪、沒有小孩的夫妻），但是萊奇提到的卻是「頂思族」，也就是那些雙薪、無性生活的夫妻。他的這篇演講被刊登在《華爾街日報》（The Wall Street Journal），內容是說美國的夫妻由於同時面臨工作和生活的壓力，以致身心俱疲，不再有精力做愛。當夫妻發現已經沒有性生活時，應該考慮問題可能來自工作忙亂，而非婚姻本身出了問題。

有些人或許天生性慾較低，甚至缺乏性慾，他們一開始可能會和另一半做愛，但性事對他們而言卻漸漸變得不重要。少數夫妻則會呈現出「極好和極差」的混合模式，也就是在某些時候密集做愛，接著進入一段漫長的乾旱期。

一位名為雪倫的女性告訴我，她從來不對性事感興趣。她說：「對我來說，每週慢跑四十到五十英里，就能輕易愉快的讓我的腦內啡衝高。」她認為，大家完全高估了做愛的效果。」另一位名為布瑞南的男士贊同她的論點，他解釋：「性事是高付出低報酬的工作，我寧願把時間花在烹調美食上。」

疲勞是婦女拒絕做愛的常見理由，而且這樣的問題並非只有職業婦女會發生。麥迪遜威斯康辛大學的教授海德（Janet Hyde）曾經研究五百多對夫妻，她發現家庭主婦和職業婦女一樣，都會因為太累而缺乏性慾。

無性婚姻是否會更常見，或是更為人所知？目前情況並不明朗。有些科學家推測，增加使用會降低性慾的抗憂鬱藥（例如百解憂和帕羅西汀），或許促使無性婚姻的比率提高。董娜莉博士指出，某些因素也會影響大家對婚姻裡缺乏性生活的看法。她說：「在無法節育的年代裡，無性婚姻不失是一種控制家庭大小的方法。」她解釋：「當時的女人不被認同可以享受性事，而且在婚姻裡常被當成交易工具。此外，由於社會期望或是扶養孩子，不「性」福的夫妻（較不可能做愛）更有可能繼續在一起。」

一旦婚姻長期陷於性冷感，就很難再重拾性生活。董娜莉博士解釋：「一方或雙方都極度害怕受到傷害或遭到拒絕，或者對另一半全然冷感。」她認為：「或許長久以來，他們沒有針對性生活做溝通，同時覺得難以啟齒。夫妻如果可以把性生活（以及婚姻裡的其他問題）拿出來討論，就會擁有比較健康的婚姻。不過，要讓習慣避而不談的夫妻開口，還真是困難重重。」

至於如何重振婚姻裡的性生活，則有許多不同的看法。對於最近才陷入性冷感的夫妻，問題比較容易解決，他們可以選擇在週末假日把小孩托付別人照顧，然後前往度假或搭乘郵輪，或是獨自一人放個假。其他夫妻可能需要尋求專業協助。董娜莉博士建議這些夫妻找個願意討論夫妻性生活的婚姻顧問做諮詢，避免問題失焦成為更廣泛的議題討論，畢竟清楚明白討論性生活是有必要的。

許多治療師會告訴夫妻要勉力行房，即使不想也要做。夫妻往往會發現，只消幾秒鐘就會重拾喪失的感覺。因為在過程中，腦部會分泌大量化學物質，幾分鐘內性事就會再度變得自然而然。然而，強迫自己重新上床是很艱難的挑戰，曾經有位男性告訴我，他的妻子試圖重拾性事，結果搞得他胃痛不已。另一位女性告訴我，經過幾年的無性生活後，她對丈夫的示好會感到畏縮退卻。對於這些夫妻，第一步並非要跳上床，而是討論問題，並且尋求專業協助。

有位女性告訴我：「對於婚姻陷入性冷感而不快樂的人，除了要告訴配偶，同時也要找人諮詢。」她分享自己的經驗：「在生過三個小孩，並且被診斷出罹患兩種慢性病之後，我以為我對性事失去了興趣，而且我認為丈夫也是如此。直到我看了他的筆記型電腦，發現他花了數千美元看線上色情影片，才發現事情並非我所想的這樣。經過婚姻諮商和荷爾蒙治療，我們已經重拾魚水之歡，變得更快樂了。」

夫妻也必須想想，婚姻中缺乏性生活很可能是個信號，表示關係中的親密行為已經結束。董娜莉博士表示：「有些之前的受訪者仍和我有聯絡，我發現最幸福的人其實是換過伴侶的人。」她說：「和留在受傷害和不圓滿的婚姻裡相比，這或許是更好的解決辦法。」

如何改善性生活和婚姻

雖然性事在許多婚姻裡是個困難的議題，但也不失是個有效解決問題的方法，可以修復婚姻關係中的失誤或不滿。這或許和我們曾經被告誡的「永遠要把話說出口」相反，因為性行為的親密會填補許多無法用言語表達的鴻溝，引發身體和情感的連鎖反應，打斷雙方原本不得要領的溝通。所以即使你不想做愛，也請你繼續這種身體的接觸，因為這對維持婚姻的品質至關重要。

夫妻經常抱怨沒時間做愛，但是有經驗的治療師會說：「別找藉口。」伊利諾州納普維爾市的精神治療和諮詢師伊森伯格（Sheldon Isenberg）分享，當夫妻抱怨沒時間做愛時，我都會說：「你們都知道如果想搞外遇，就會找得出好多辦法。」

此外重要的是，要好好想想自己和另一半，彼此想從性事裡得到什麼。一九八一年的研究裡，研究人員訪問了五十對夫妻，大部分的人婚姻幸福，據說性生活也很美滿。但是，對於做愛的原因，男性和女性卻表達了非常不同的理由。女性說她們在尋求「愛、親密和扶持」，男性則說他們做愛是為了紓解性衝動。於是，兩性關係學者海特菲爾德做了以下的解釋：

基本上，女性想要傳統的浪漫互動方式，像是燭光、美酒、音樂和浪漫氣氛，以及長時間的前戲。她們並不希望夜晚在床上最後所做的事，是被隨意的愛撫與草草結束的性交，而是希望對方能花時間，並且用性感的方式對待，例如，輕柔、充滿愛意的愛撫、擁抱、親吻，以及單純的身體接觸，或是偶爾「擦槍走火」的按摩。女性想被獻殷勤、講話、聊天，並且和另一半分享無關性話題的想法、思維和感覺，她們想要大笑、嬉戲，以及在床上以外的其他地方與另一半有愉悅的互動。不論是為人處事或展現性感風情，她們都渴望獲得讚美。因為女性覺得被愛，所以性愛才會在這樣的情境下慢慢的醞釀和發生。

值得注意的是，有大約有四成的男性表示，他們也喜歡以較間接的方式開啟性事，包括愛撫、按摩和引誘。另外也有六成的男性表示，希望妻子直接向他們求歡，並且樂見妻子表現得豪放且百無禁忌。男性常常表示他們想要覺得「非做不可」，並且感受到妻子熱切的渴望。海特菲爾德博士透過一連串的研究詢問受訪者，想要了解他們希望另一半在做愛時有什麼表現。結果男女都表示，希望另一半更直接說出自己真正的需求。另一方面，他們也認為因為太放不開，所以很難直接告訴另一半自己的需求和渴望。不過在研究的情境下，受訪者最後都說出了自己對於性事的期望，明確表達了希望做愛時能從配偶那裡獲得的東西是什麼。

你不必從大學的性愛研究，找到與自己婚姻相似的答案。每對夫妻都可以仿製這項實驗，寫出五個在性事中希望從另一半那裡獲得的東西。這項研究學到的課題是：只要願意談論，其實夫妻彼此都有遠遠超過自己所認為的更多共同性渴望。現在，請和配偶一起坐下來，完成以下的測驗。

測驗5 你想從另一半那裡得到什麼？

請仔細想一下，你喜歡另一半做愛時會說或會做的五件事。請不要把焦點放在特定的行為或姿勢上，這個測驗的目的，是要找出有哪些一般的行為改變，能夠讓你在床上更快樂。現在就請寫下你的答案。

一、在做愛時，我希望丈夫會：

1.
2.
3.
4.
5.

二、在性事期間，我希望妻子會：

1.
2.
3.
4.
5.

請將自己的答案與配偶做比對。想想自己怎麼做會讓另一半感覺更開心。現在請你將自己的答案與其他夫妻的答案做對照。

一、丈夫希望妻子做的事是：

1. 展現更多魅力　2. 更主動　3. 多做一些嘗試

4. 更狂野、更性感　5. 多給一些指示

二、妻子希望丈夫做的事是：

1. 多說一些情話，多些讚賞　2. 展現更多魅力　3. 多做一些嘗試

4. 多給一些指示　5. 更熱情、更投入

這個研究發現引人注意的是：男女在面對性事時，其實有很多共同點。男女雙方都希望另一半表現得更誘人，並且多給一些指示；但是令人驚奇的是，兩人都希望另一半願意多做嘗試。然而，男女之間的差異同時也被揭露出來。男性希望妻

子變得更主動，並且在做愛時可以更狂野、展現更多魅力。至於女性的渴望，則包含了臥室裡和臥室外的行為，她們希望另一半在生活上展現更多熱情、表現得更投入、說話時更深情，並且給予她們更多讚美。

性事，對婚姻的重要性是不容低估的。太多的夫妻認為婚後性生活的頻率銳減是無可避免的事，於是熱情開始消退後他們只能接受，以為這就是多年相處後會發生在每個人身上的事。但是，我們可以從性愛和婚姻的科學研究裡學到，規律的性生活應該是（也能夠是）美好婚姻裡的一部分，即使隨著在一起的時間愈長，夫妻會愈來愈不常做愛，但是也不見得就要完全收手。

多年來有許多人來信告訴我，儘管性事並不是婚姻中最重要的部分，但也絕對是維繫夫妻感情的強力膠。在來信中，山姆是現年七十歲的已婚男性，他的妻子六十三歲，他表示自己和妻子每週至少做愛一次，有時候還會更多。他說：「我們經常大笑，盡可能的為彼此保持身材和吸引力，因為我們在很多方面都深愛著彼此。」他解釋：「性只是我們婚姻關係裡的一部分，不過卻是很精采的一部分。」

對於想要重燃愛情生活的夫妻來說，更頻繁、更美好的性事肯定是值得讚賞的目標。另外還有一個可以作為動機的理由，那就是活躍的性生活可以有效展現整體的健康情形，讓夫妻了解彼此的身體狀況。事實上，性愛、健康和婚姻這三者之間，有著密不可分的關聯。

5

愛愈長，活愈久？

「但願你們把健康掌握在彼此的手中。」——作者不詳

從步入教堂進行結婚儀式，直到禮成後第一個親吻之間的某個時刻，許多夫妻都曾經允諾：不論「疾病和健康」都要終生相守。不過，多數人並不了解這幾個字的真正意義。其實，在說出「我願意」的那一刻起，婚姻對我們的身心健康已經有了深遠影響。

和單身、離婚或寡居者相比，婚姻會為夫妻雙方帶來更好的健康狀態。平均而言，已婚者比未婚者長壽。但這並不意味單身、離婚或寡居者注定會不健康，而是婚姻在促進健康方面顯現了明顯助益，好處從彼此關照到財務保障都包括在內。即使如此，研究顯示單靠婚姻還是不足以保障健康，兩性關係的品質也很重要。愈來愈多研究顯示，美滿的婚姻固然能帶來好處，但是如果你身處於充滿衝突和不幸的婚姻，為了長期健康著想，最好還是恢復單身。事實上，失和的婚姻大大有礙健

康，有些研究顯示，不好的婚姻所導致的心臟問題和抽菸造成的危害相似。

美滿的婚姻甚至會對健康帶來不可預期的影響。婚姻雖然是感情支持的一大來源，同時也會增加壞習慣（例如吃得過飽）。目前的研究結果顯示，夫妻若有一方超重，另一半也很有可能會步上他的後塵。還有另一半處理衝突和你回應的方式，也會對健康帶來重大影響。同時，另一半是否會打鼾，也會為你的睡眠品質、長期健康和聽力帶來影響。

結婚的好處

為什麼結婚有益健康？其中一個原因，是婚姻實質上會將你的資源變成雙倍。與低收入或生活貧困者相比，高所得者會擁有比較好的健康。婚姻不只能帶來更多收入，你還會因此獲得一批新的家庭成員和朋友，讓你在健康方面得到情感支持的好處，例如從配偶及其親朋好友得到關懷與照應。同時，親密關係可以讓你獲得實質支援，例如親朋好友和配偶可以在你生病時幫忙照顧小孩、拿藥，或是帶你去看醫生、在你生病和康復的期間照顧你。而且，配偶也會是第一個注意到你健康出問題的人，例如與心臟疾病有關的勃起功能障礙、睡眠呼吸中止症警訊之一的打鼾，以及與糖尿病有關的極度口渴。

研究結果顯示，已婚者比較不會感冒，或是罹患癌症、關節炎或心臟病。而且已婚女性的免疫系統也比未婚者好很多，並且婚姻幸福者的血壓也比較低。瑞典研究人員指出，中年時如果能維持婚姻狀態，可以降低日後老年癡呆風險。

如果你覺得沒有配偶就活不下去，那麼婚姻健康的研究結果會支持你是對的。在任何特定的時期，已婚者比未婚者較不可能早死。從荷蘭某項主要研究死亡與婚姻的紀錄來看，有超過二十四起的致死事件（範圍從意外和自殺等暴力死亡到幾種癌症都有），幾乎在每個類別都可以發現未婚者比已婚者有較高的死亡率。根據加拿大的統計數據，已婚男性比從未結婚的男性壽命大約多出七年，而已婚女性則比從未結婚的女性大約多活三年。

單憑這些資料仍然無法做出結論，因為有些研究結果指出，許多早死的人是男同性戀者，屬於愛滋病的帶原者或患病高風險群，這可能會扭曲了婚姻有益健康的看法。此外，慢性病患與其他健康有問題者也比較不可能結婚，或者會因健康問題而離婚。不過，就算排除這些，大量的研究仍然不斷顯示婚姻和健康之間的密切關聯。男女結婚的結果也不相同。男性結婚後的死亡率立刻下降，至於女性結婚的好處，則婚後數年都不會出現。男性之所以能立刻獲利，是因為已婚的身分能夠阻止他們從事一些比較冒險的行為，例如飲酒過量、深夜不歸、和狐群狗黨鬼混等。

由於女性比較懂得維繫關係與親朋好友來往（例如聯絡親戚、安排社交事宜，以及年節寄送賀卡等），因此結婚會讓男性重拾單身時期忽略的社會關係，而且這些社會支援都和健康有關。此外，女性也比較會照顧另一半的健康、比較常去看醫生，以及排定預約掛號和處理家人的健康問題。最後，女性會做許多家事（例如煮飯洗衣），所有種種都會讓男性獲得長期的健康，讓他們比之前吃得更好、更定時定量。由於女性在婚前就已經擁有堅強的家庭和社會網絡，所以她們在婚姻裡所獲得的好處似乎大都與金錢有關。婚姻讓她們獲得較高的家庭所得，比較容易取得醫療照護、改善營養、擁有良好的居住空間，並且擁有更有保障的工作。雖然這些不見得會立即改善健康，但是長期而言，已婚女性會比未婚女性來得更加健康。

妻子是家庭健康的守護者

有個結婚對男性的好處經常被忽略，就是女性比男性更常發掘潛在健康問題。幾年前，我曾訪問住在加州聖荷西的菲爾和瑞秋這對夫妻，他們有兩個小孩，並且正等著迎接老三。菲爾經常感覺不舒服，他一直以為是過多的商務旅行同時得兼顧家庭需求，才會造成自己的疲憊和時差。加上家裡正在裝修，他又剛好決定戒掉咖啡（或許這是個不智的決定），當然會覺得很累，畢竟他也四十九歲了。但是瑞秋卻不這麼想，她認為平常積極有活力的丈夫絕不會單純只是有點想睡覺而已，因為菲爾不只感覺筋疲力竭、喝了很多水，而且還伴隨著體重下降，因此瑞秋懷疑他有糖尿病。但是，菲爾卻覺得是因為妻子看了太多醫療節目，所以才會想太多。

儘管瑞秋無法強迫丈夫去看醫生，但是身為兩個孩子和一個即將出世嬰兒的母親，她得經常到診所報到。於是就在她生完孩子兩週後，她告訴孩子的小兒科醫生有關丈夫的健康情況。小兒科和產科醫生都表示，女性在看診期間談論家庭的健康情形一點都不奇怪。瑞秋和菲爾還真幸運，因為他們的家庭小兒科醫生做了聰明的決定，在菲爾這位男性延誤就醫之際提供了折衷方案，把一些試紙交給新生兒的母親，好讓她的丈夫可以自行檢驗血糖。

回家後，瑞秋把試紙的事情告訴了丈夫，正如她所預料的，丈夫拒絕做測試。不過就在菲爾收拾行李準備出城辦事時，瑞秋把試紙塞進丈夫的公事包，並且請求他在住進旅館時記得做測試。儘管菲爾反對，但是妻子的關心最後還是讓他屈服。加上最近一名同事曾經反映，說他在某次工作報告時顯得相當焦慮，但是他很清楚自己對那場報告一點也不緊張，不過是因為同事觀察到他經常習慣性的大口喝水。因為這件事，讓菲爾在住進旅館不久，打開公事包看到試紙時做了測試的決定。讓他嚇一大跳的是，試紙明確顯示他的血糖值很高。最後他打電話給醫生，醫生也同意在兩週內為他看診。

然而，這件事情仍然得靠妻子出手才能持續。她再次打了電話過去，說服醫生立刻替她的丈夫看診。確實，檢查的結果顯示菲爾的血糖值飆升得很高，他被診斷患有初期的成人型糖尿病，現在已經在治療。醫生說，菲爾和瑞秋的經驗一點都不稀奇。早在男性決定必須有所行動前，常常都是妻子逼著丈夫去看醫生的。調查結果顯示，男性比女性較少去看醫生，即使排除產前檢查和看小兒科醫生，女性看醫生的次數仍然比男性多出兩倍。

即使曾經找過醫生，男性一開口還是會先拒絕說明自己的健康問題。《哈佛男性健康觀察》（Harvard Men's Health Watch）期刊的編輯賽門（Harvey Simon）醫生表示，男性來看醫生時經常會先「責怪」妻子。當他們終於走進診間時常常會先沉默一會兒，接著再拿出一張紙開口說：「我太太要我問有關這樣的事。」他們仍然覺得，需要躲在妻子的問題背後。

一旦開始擔心丈夫的健康，女性就會變得非常堅持。紐約布魯克林麥蒙尼得醫學中心泌尿科主任沙巴塞（Ridwan Shabsigh）告訴我，他有個朋友就拒絕看醫生，但是妻子注意到他有勃起功能障礙，於是開始擔心他的心臟不對勁。雖然掉眼淚、發脾氣和威脅拒絕性事都沒有奏效，但是他的妻子不放棄，就在報稅季節來臨時她看到機會，利用拒絕簽署夫妻聯合退稅的方式，逼迫丈夫就醫。這招果然有效，終於讓丈夫回家時帶著治療高膽固醇和高血壓的處方箋。

醫生說，妻子可以用獨一無二的方式，勸服丈夫尋求醫療協助。因為勃起功能是男人健康的重要指標，而妻子經常是第一個注意到微妙變化的人，可能因此就發現了健康問題。也因為女人經常會和小兒科與婦產科醫生接觸，即使丈夫不願意就醫，她們也能獲得醫生的專業建議，被推薦給正確的醫生看診。

握手的好處

儘管妻子不會因為改善另一半的健康而大受讚揚。然而某項研究結果發現，當丈夫握著另一半的手時，不只是在表達愛意，而且還會降低配偶承受的壓力。

這是維吉尼亞大學心理學和神經科學助理教授柯恩（James A. Coan）在研究握手對承受高壓女性的影響時所發現的結果。柯恩博士以十六位在婚姻滿意度測試中得分較高的已婚女性為對象，研究丈夫的安慰手勢能否降低她們的壓力。在實驗室裡，受試女性接受腦部核磁共振掃描，施壓的來源是溫和的觸電裝置。研究人員觀察女性在三種情形下的腦部反應。其一是女性接受刺激時並沒有任何人給予安慰，另兩次接受刺激時分別由丈夫和陌生人來握住她的手。在核磁共振掃描的顯影上，任何形式的握手都具有安慰和減壓的效果，但是當女性握住丈夫的手時功效最大。

一般來說，握手確實會讓大腦連結壓力反應的某些部位平靜。當女性握住丈夫的手時，掃描顯示腦部控制情緒反應的區域會格外平靜。而當科學家對照研究裡婚姻幸福指數得分較高的女性時，又觀察到進一步的差異。他們在這些女性的身上發現，夫妻之間的握手甚至會產生更大的效應。大腦的平靜區域與疼痛有關，效力和止痛藥相當。

研究結果顯示，當有其他人幫助你一起應付壓力時，大腦就不必那麼辛苦的運作。可惜的是，研究人員並沒有比照對女性所做的研究，來研究握手是否也對男性的大腦有相同影響。

結婚讓人變胖？

一項在芬蘭進行六年的研究結果發現，已婚者的體重會增加，喪偶者的體重則會下降。另外有三項美國的研究結果顯示，男女婚後的體重都會增加，而當婚姻結束時體重會減少。

當我們結婚後，許多不健康和危險的行為就停止了，婚姻可讓人穩定，較少抽菸喝酒、較少使用非法藥物，同時三餐也較定時，睡眠時間也較固定。不過，婚姻也有另一個有趣的影響，那就是已婚者吃得多卻運動得少，也較少抽菸，所有這些行為都和體重增加有關。由於多了一個人幫忙採買與做飯，晚餐時也多了個伴，這些全都會讓你的腰圍大上幾號。

有些研究結果指出，人們婚後的運動量變少了，尤其是男性最為明顯。可能是大家寧願多花時間與配偶相處，而不願和朋友上健身房或打籃球，也可能是男性覺得已經沒什麼必要維持身材來吸引妻子注意。抽菸和體重減少有關。有兩項研究結果顯示，已婚者比較可能戒菸，單身、離婚和寡居者會比已婚者抽更多菸。那麼該怎麼辦呢？我們可以用積極和消極的方式來彼此影響。研究結果顯示，夫妻一起節食和運動，成功減重和維持身材的成功率很高。

性生活、老化和健康

儘管已婚者比其他人擁有更多性生活，但是健康問題卻會妨礙健康的性生活，尤其當我們逐漸年老時，勃起功能障礙和更年期會暴露出更深層的問題。四十到七十歲之間的男性，大約有三分之一的人會面臨程度明顯的勃起功能障礙，而且其中大約有八成的人從不尋求治療。

勃起功能障礙會對親密關係造成重大損害。勃起功能有障礙的男性經常會變得冷淡疏遠，不僅做愛次數減少，而且還會停止和妻子的所有身體接觸，只因為擔心會再次引發失敗的性事。來自德州的五十二歲男子艾文，跟我分享了關於勃起功能障礙的心情，他說：「我不想牽手，也不想在戲院裡用手臂摟著她。」他進一步解釋：「當你不舉時，你會停止做所有的事。」

治療勃起功能障礙的用藥有三種：威而剛、樂威壯和犀利士，療效都相同。

我的受訪者在接受治療並且開始用藥後，幾乎立刻重拾和妻子的親密感，他們告訴我：「是的，我們又有性生活了。而且美妙的是，我們也不再害怕觸摸或牽手了。」

儘管有大眾媒體指出，威而剛會導致出軌和離婚，但往往是婚姻不幸者比較可能瀕臨出軌和離婚，不論他們是否服用了威而剛。對於想要點燃性生活的人而言，治療勃起功能障礙的藥物是親密關係的救星。在某項威而剛的研究中，研究人員觀察男方有勃起功能障礙的夫妻，並且詢問雙方吵架的頻率，同時要求他們用要好與親近的程度來評量兩人的關係。在使用威而剛治療後，男方表示雙方的整體關係獲得改善，吵架的次數減少，而且感覺更要好、更親近，妻子的回答也是如此。

對夫妻來說，勃起功能障礙還有其他理由必須求助專業治療。因為男人的勃起功能不只是「生活方式」的問題，還是整體健康的重要指標。勃起功能發生變化是嚴重潛在健康問題的早期警訊。某項義大利的研究結果顯示，對同時患有心臟病和勃起功能障礙者而言，平均有三分之二的人，他們的勃起問題會比其他如胸痛等明顯症狀提早三年出現。紐約大學醫學院男性性健康與生殖科主任麥克考洛（Andrew McCullough）說：「陰莖是血液循環系統的健康溫度計。」勃起功能與心血管健康的關係密切，因為有兩條主動脈通過陰莖。如果男性患有動脈窄化或血脂堆積的心血管疾病，損傷經常會先出現在陰莖的小動脈上，而非流向心臟的較大動脈。勃起功能障礙特別常見於患有高血壓等一個或多個心血管危險因素的男性身上，並且和缺乏運動有強烈的關係。

當妻子進入更年期時，性生活也會面臨挑戰。因為這段期間體內的女性荷爾蒙會有劇烈波動，同時也會出現一些惱人的症狀。熱潮紅和睡眠問題會讓女性筋疲力盡並對性事興趣缺缺，而陰道乾燥也會影響性交疼痛，更年期普遍增加的體重也會讓婦女感覺很不自在而不願意裸體。此外，中年時期的其他挑戰（例如年邁的雙親、就學的青少年子女和工作的要求等）也都會增加壓力，因而影響性慾降低。

然而，更年期的性生活並不完全是由荷爾蒙所支配。墨爾本中年女性健康計畫就發現，決定更年期性功能的最大要素之一，是女性在更年期之前的性功能。也就是說，如果女性在更年期前擁有美滿的性生活，儘管更年期時面臨身體不適，仍然可能持續享受性生活。然而墨爾本的研究結果也發現，更年期女性有性功能障礙的比率明顯增加。在更年期初期，大約有四二%的女性有性功能障礙。隨著雌激素下降，比率躍升至八八%。到了更年期後期，受訪者表示她們對性事的興趣降低、比較不易被挑起性慾，並且更常出現陰道乾燥和性交疼痛的情形。在度過更年期的這段期間，女性對另一半的感情也會變得比較消沉。

如果女性的性生活在更年期之前並不活躍，就比較可能在這段人生的轉變時期出現性功能障礙。如果你的性生活不順、處在不好的關係裡，或是在生育年齡時並未享有美滿的性生活，那麼在更年期時的狀況大致會相同或變得更糟。

同床共眠

定義婚姻或長期穩定關係的特點之一，就是伴侶雙方夜晚同睡一張床。對幸福的夫妻來說，在床上可以做許多事，而非只有性事一樁而已。床變成是彼此安全的天堂，可以逃脫小孩和工作的壓力、分享日常的生活點滴、親密的交談，以及享受身體的接觸、擁抱和愛撫，不僅能減輕壓力和焦慮，同時可以讓兩人更親近。事實上，各種睡眠研究結果顯示，已婚者似乎比未婚者享有較好的睡眠品質，而且較多、較好品質的睡眠，不只和美滿的婚姻有關，同時也和身心的健康相關。晚上睡不好的人，罹患糖尿病、心臟病等疾病的風險較高。

在一項針對近兩千名婦女、為期八年的研究中，匹茲堡大學的研究人員發現，已婚或是擁有固定伴侶的女性，似乎比從未結婚或是喪偶的女性睡得好。婚姻裡的幸福和滿足會降低睡眠問題的風險，而婚姻壓力則會增加睡不好的風險。不過新婚者例外，因為在習慣和另一半一起睡覺之前，似乎會有一段適應期。在參與研究之初還是單身、後來有了伴侶的女性，她們無法入眠的時間會比早已結婚的女性更多。

亞利桑納大學的研究結果發現，當男人睡得比較好時，隔天會對另一半有比較好的感覺，同時親密關係有問題的女性往往也睡得不好。研究人員表示，這是惡性循環，有睡眠問題的夫妻會影響親密關係，而關係出現問題又會回過頭來影響睡眠品質。

亞利桑納大學臨床心理學博士候選人海斯勒（Brant Hasler）表示，研究資料顯示睡眠和親密關係有密切關聯。因此夫妻可以從中學習到的是：要注意睡眠習慣，尤其是關係不佳或有衝突問題的夫妻，更要注意睡眠習慣，說不定所有的問題都可以迎刃而解。海斯勒指出，夫妻應該在上床前就要想辦法解決問題，避免在一方或雙方沒有睡好，或是忙了一天感到疲累時討論棘手的話題。

然而，許多夫妻確實都面臨無法一起入睡的問題，事實上這會對婚姻和健康兩方面都造成損害。最常見的問題就是打鼾，經常是起因於睡眠呼吸中止症的緣故。當喉嚨後方的肌肉組織塌下阻礙呼吸道時，就會造成持續十秒或更久的呼吸中止，這樣的情形在一個小時內會重複發生好幾次。罹患睡眠呼吸中止症者往往由於血中含氧量降低，而處於高血壓、中風和心臟病的風險之中。

整夜的鼾聲和喘息不只擾人清夢，有時候甚至會讓枕邊人神經衰弱。電話訪問超過一千名成年人的調查結果顯示，有六七%的人表示枕邊人會打鼾，大約有三分之一的人表示，會以分房睡或戴耳塞來應付枕邊人造成的睡眠問題。關於婚姻裡的打鼾和睡眠問題並沒有太多研究，但是目前有些研究人員指出，睡眠呼吸中止症患者除了面臨較大的健康風險，同時也是離婚風險較高的族群。在某個針對十對夫妻的小型研究中，聖地牙哥洛許大學醫學中心的醫生發現，如果丈夫患有睡眠呼吸中止症和打鼾症狀，那麼妻子的睡眠品質也會大幅下降，問題遠遠超出輕聲的干擾。研究人員認為，缺乏睡眠會讓婚姻陷入嚴重的緊張關係。

在洛許大學的研究中，有對夫妻因為丈夫的打鼾聲會在一個小時內把妻子吵醒好幾次（耳塞也起不了作用），於是只好分房，以至於婚姻陷入嚴重的緊張關係。後來丈夫使用了特殊的家用機器，改善了睡眠呼吸中止症的打呼聲，從此夜晚變得安靜，妻子的睡眠也獲得改善，最後夫妻的婚姻滿意度評分因此躍升將近兩倍。

打鼾問題經常會被當事者一笑置之，並且不理會長期受苦另一半的抱怨，導致問題嚴重需要尋求醫療協助。不過，已經有極少數的人留意到打鼾和睡眠呼吸中止症對配偶或枕邊人所造成的影響。研究結果顯示，睡在打鼾者旁邊的人會像飽受睡眠失調困擾者一樣，在夜裡經常醒來。梅約診所的研究結果發現，部分打鼾者的配偶被吵醒的次數，大約平均每小時會有二十一次，接近打鼾者本人因為自己的睡眠問題而被吵醒的平均次數二十七次。

現實生活中，二手鼾聲的傷害並不清楚。打鼾者和睡眠呼吸中止症患者的配偶都抱怨在白天非常想睡而且疲憊，影響了工作和家庭的關係。梅約診所位於亞利桑納州史考戴爾的睡眠失調中心，曾經研究五十四名睡眠呼吸中止症的患者及其配偶，對他們進行生活品質的評估和睡眠測試。雖然原因並不清楚，但是調查結果顯示，相較於全國的平均值，病患配偶的抱怨較多。有趣的是，一開始打鼾者配偶的生活品質評分和全國的基準相同，研究者認為這只是因為配偶接受了鼾聲成為生活的一部分。當睡眠呼吸中止症患者和打鼾者接受治療後，配偶的生活品質評分就會有明顯的躍升，顯示他們所承受的痛苦已經超過自己的認知，而當問題解決時，配偶的睡眠測試分數改善了二〇%。

梅約診所史考戴爾睡眠失調中心的醫學主任沛禮旭（James M. Parish）認為，研究結果顯示這些人的整體生活品質是下降的，但是在配偶接受治療後，生活品質真的出現重大改善。他說：「我們必須考慮到，這樣的情形除了會影響病人，也會嚴重影響配偶。」

《耳鼻喉科期刊》（Journal of Otolaryngology）出版了由加拿大安大略省京士

頓市皇后大學研究人員所做的試驗性研究，這項研究的對象包括四對打鼾者和他們的枕邊人。研究人員發現，所有的枕邊人都因噪音而引發嚴重的聽力受損，這四名病患全都睡在打鼾者身邊達十五到三十九年之久，受損部分僅限於最常暴露在鼾聲中的單側耳朵。人類的鼾聲最高可達九十到一百二十分貝。皇后大學耳鼻喉科系主任譚（Andre Tan）表示，對某些人來說，睡在打鼾者旁邊所聽到的鼾聲相當於「睡在工廠的機器旁邊十到十五年」。在工作場所中，工人只要暴露在八十五到九十分貝超過八小時，都需要使用防護耳朵的設備。

儘管耳塞是選擇之一，但是許多人都不想在睡眠時冒險錯過鬧鐘，或是沒有察覺緊急事故，所以長期的解決之道就是治療打鼾和呼吸中止問題。對某些人來說，減重能帶來明顯的改善，有些問題的治療則可借助牙科的口腔矯正器，在入睡時幫忙暢通呼吸通道。此外也可以經由外科技術，像是射頻療法、雷射、注射、植入，來縮小軟顎的大小、擴張呼吸道，或是固定打鼾時震動的肌肉組織。目前外科手術的成效並不明確，但是大約有八成的病患至少改善了打鼾的情形。至於最嚴重的睡眠呼吸中止問題，則可以在夜晚戴上氧氣面罩做治療。

為什麼我要花這麼多時間，來談論婚姻中的睡眠和打鼾問題呢？如果全國性的民意調查具有任何意義，那麼調查結果顯示其中至少有三分之一的夫妻，因為睡眠問題而習慣性選擇分房睡。或許經常吵架的夫妻需要退一步想想，問題是否來自夜晚的睡眠問題，而非白天的挫折？或許，這些夫妻只是暴躁不安和過分疲倦，而非真的在生彼此的氣。

判別睡眠是否影響親密關係的方法，就是自己做做看婚姻睡眠評估。你的另一半會打鼾嗎？你有訂定上床時間表，來避開另一半的打鼾嗎？為了要了解另一半的鼾聲對自己的影響程度，先來個為期兩週的「睡眠度假」吧！在這段期間內，請你夜晚暫時睡到另一個房間，並且評估自己的睡眠品質，同時比較白天的疲憊或易怒情形。對夫妻來說，分房而睡並非長期的解決之道，但是可以讓雙方認清，睡眠問題真的可能造成嚴重傷害。如果你是會打鼾的那一方，為了配偶的福祉和維持美滿的婚姻，請盡快尋求醫療協助。

當配偶讓你生病時

不幸婚姻的壓力，會在不知不覺中加倍損傷健康。有別於金錢或工作的壓力，由於婚姻涉及很私密的部分，因此帶來的壓力對健康的損害程度可能特別大。

底特律偉恩州立大學心理學助理教授卡諾（Annmarie Cano）說：「你無法用應付其他壓力的方式，來逃避婚姻帶來的壓力。」卡諾博士研究慢性病痛和婚姻壓力之間的關聯，他認為有壓力的配偶比婚姻較幸福的配偶承受更多的痛苦。他表示：「大部分的人認為婚姻帶來安適，是個可以放鬆的地方。但是，當婚姻帶來壓力時，就不再是安全的天堂了。」

俄亥俄州立大學的科學家從許多研究中發現，婚姻壓力會讓免疫系統明顯受損。關於婚姻壓力最令人驚奇的研究，是某項針對在婚姻幸福測驗中得分較高的新婚夫婦所做的研究。根據研究人員的形容，他們表示自己的婚姻「極其幸福」。在研究中，這些夫妻會被詢問關於婚姻的問題，同時被評量個性上的差異和解決問題的行為模式。研究開始時，夫妻會被要求討論在關係中經常會引起衝突的話題，同時雙方的互動會被錄影和編碼，以內容所包含的否定與輕視程度來作為判定標準，藉此預測婚姻失和的可能。同時，每小時會做血液取樣，以測量二十四小時內各種壓力荷爾蒙的濃度變化。

十年後，研究人員重新檢視這些夫妻，發現其中一九％已經離婚。然而，當回頭對照之前的研究資料時，當初所做的血液荷爾蒙檢驗其實早就已經預測出哪些夫妻會分手了。在衝突研究中，包括腎上腺素、正腎上腺素，以及促腎上腺皮質激素等三個壓力荷爾蒙，可以當成指標。在離婚收場的夫妻身上，這些荷爾蒙濃度始終如一，明顯呈現偏高的趨勢。

俄亥俄州立大學的奇考格雷瑟（Janice Kiecolt-Glaser）注意到，這些荷爾蒙濃度偏高的受試者，並不是特別容易激動的人。在研究一開始所做的婚姻幸福測試結果中，最後離婚收場的夫妻在新婚時並不會比一直相守的夫妻不快樂，奇考格雷瑟教授說：「雖然他們表示自己非常快樂，但是他們的荷爾蒙卻告訴我們，他們在某些方面其實非常不安。」

俄亥俄州的研究人員也做了類似研究，測量婚姻壓力對人體免疫系統的影響。他們發現，夫妻之間爭吵半小時所產生的壓力，就會讓免疫系統明顯受損。

在另一項研究中，是以四十二對至少在一起十二年的已婚者為研究對象。這些夫妻同意，在兩個多月的研究期間內，有兩個晚上待在實驗室裡過夜。每一次來到實驗室，夫妻雙方都會被一個小型吸孔機在手臂上弄出八個水泡大小的傷口，並且在傷口上覆蓋保護裝置，讓研究人員能夠抽出覆蓋在傷口上的液體。這項研究的目的，在於檢視婚姻的互動如何影響傷口癒合，也就是針對人體免疫力的測量。

同時，這些夫妻彼此間會有兩場討論。第一次來到實驗室時，夫妻要用支持和正面的方式，來討論個人希望改變配偶的某項品性或行為。第二次來到實驗室時，則是討論夫妻之間經常會引發單方或雙方情緒反應的衝突來源。研究結果顯示，在充滿情緒性的討論過後，處於壓力環境下的傷口癒合時間，要比先前進行支持性討論時整整多出一天。談話時對彼此存有高度敵意的夫妻，傷口的癒合時間要比只有一絲絲憎恨的夫妻多兩天。

而抽血樣本也顯示，敵對的夫妻也有免疫系統的反應，並且和心臟病、癌症和糖尿病等健康問題相關。奇考格雷瑟教授解釋：「婚姻帶來的壓力是獨一無二的，因為基本上婚姻本來應該是你的主要支持來源，如今卻變成主要壓力。」其他的研究則比較婚姻和工作壓力對健康的影響。研究結果發現，婚姻帶來的壓力和左心室增厚有關。從心臟超音波檢查結果來看，就和抽菸與飲酒過量的後果一樣，但是工作壓力並未造成相同影響。

不論婚姻是否美滿，和配偶的互動頻率也會影響健康。相同的研究結果發現，就婚姻不幸的人來說，相較於與配偶有許多接觸的人而言，那些花較少時間與配偶相處的人血壓會比較低。至於擁有美滿婚姻的人，如果有花許多時間與配偶相處，他們的血壓甚至更低。

失去婚姻對健康的影響

如果婚姻能夠改善健康，那麼當婚姻結束時還能保有這樣的好處嗎？研究結果發現，失去婚姻不只是情感上的問題。當已婚者恢復單身時，他們的生理健康通常會遭受打擊，並且不會完全恢復，即使再婚也一樣。

在一項針對近九千名受試者的全國研究中，相較於一直維持已婚狀態者，離婚或喪偶的男女中大約有兩成的人比較可能患有慢性病，例如心臟病、糖尿病和癌症。曾經結過婚者也比較可能出現行動上的問題，像是上樓梯有困難，或是不太能走太多路。該項研究並沒有證實失婚會造成健康問題，只是證明兩者有關聯。或許，不做運動、吃得很差、不懂得處理壓力的人比較可能離婚。然而因為研究人員同時在離婚和寡居者的身上都發現健康問題，所以這項研究資料也顯示，任何原因的失婚與不健康之間關係密切。

可能的解釋之一，是處在高壓期間，可能改變細胞組成。高壓會影響基因，造成染色體受損，就像輕彈開關一般，繁殖出不好的基因。一項研究結果發現，照顧老年癡呆症者的壓力，會導致保護性染色體末端的端粒受損，以至於減少四到八年的壽命，而離婚者和守寡者的壓力可能也會帶來類似的後果。儘管再婚會讓健康有些改善，但是研究結果卻顯示，大部分已婚者就算恢復單身，生理上的損害仍然無法完全恢復。和一直維持婚姻的人相比，再婚人士中有一二%的人有較多的慢性健康問題，而一九%的人則有較多的行動問題。從另一方面來看，研究人員也發現再婚似乎治癒了感情的傷痛：一旦再婚，憂鬱的程度就和一直維持婚姻者相當了。

雖然這些研究並沒有建議人們應該不惜代價維持婚姻，但是這些研究發現的確顯示，維持婚姻是健康的重要指標之一。如果有人最近恢復單身，不論是離婚或喪偶，都應該特別注意健康，並且主動採取一些措施，像是壓力管理、飲食控制和運動等。其他研究結果則指出，結束婚姻對男女的影響並不相同。就像男性一結婚健康就會有所改善，一旦結束婚姻，這些好處也會立刻消失不見。

離婚和寡居的男性經過一段時間後，就會恢復成和婚前一樣的死亡率。原因可能是離婚和寡居的男性很快就會回到單身時代的動盪不安生活，加上失去妻子操持家務後，比較不注意自己的健康、飲食也比較不均衡，並且增加抽菸喝酒等危險行為。妻子往往會催促丈夫去看醫生，因此當離婚和寡居的男性在需要就醫時，也就比較不會去看醫生了。不過，女性就不會這樣。

就個人而言，我非常驚奇這些科學觀察結果，竟然反映了自己和朋友、同事，以及家庭成員的經驗。幾位我認識的男性，一離婚就立刻買了摩托車，那是他們的前妻曾經因為太危險或太花時間等理由，而禁止他們的嗜好。其他男性則在離婚後開始吸食大麻或飲酒過量，並且流連酒吧。不過，離婚對女性往往是非常不同的經歷。離婚的女性依然是孩子主要的照顧者，即使想要享樂，也無法再回到婚前那種像似在開派對（較不健康的）的生活。

即使如此，女性離婚後的健康狀況也會立即衰退。當丈夫騎著新車離開後，女性因為婚姻帶來的健康好處也會隨之消失。然而，只有離婚的女性會失去婚姻帶來的好處，喪偶女性的經歷並不一樣，她們仍然會維持和一般已婚女性大致相同的健康狀況。

為什麼喪偶的女性會比離婚的女性更輕鬆自在？這要回到現實面來看。對女性來說，婚姻的好處比較趨向錢財，而非感情或行為等面向。守寡的女性或許比較可能保留家裡的房子和丈夫的遺產，而離婚的女性常常是失去房子，以及至少一半的家庭收入和財產。

保持健康和維繫婚姻的課題

單靠婚姻不足以保障健康，期望擁有健康當然也不構成選擇婚姻的充分理由，真正重要的是關係的品質。我們很難說「婚姻總是好的」，唯有美滿的婚姻對你才有好處。一個充斥著壓力、衝突和掙扎的糟糕婚姻，都會對身心健康造成嚴重損害；一段令人失望、難以挽回的惡劣關係，絕對無法為健康加分。所以，為了個人的健康著想，最好還是恢復單身。

衝突，是婚姻中無法避免的部分。雖然許多夫妻之間的爭執不會傷及健康，但是有些爭吵的方式會導致壓力提高，因而造成嚴重的健康問題。在一項對四千名男女的研究中，參與者被問到和配偶爭吵時，會宣洩情緒或保持沉默。有三分之一的男性和四分之一的女性表示，和另一半起爭執時，會採取冷戰方式。

男性在爭執時保持沉默，對健康並沒有明顯影響，然而，要是女性在爭執時沒有說出內心的話，在十年研究期間的死亡率，是持續向丈夫表達自己感覺者的四倍，而且不論她認為自己的婚姻是否美滿，風險都是相同的。在爭執時傾向隱藏感情，就是所謂的打冷戰。馬里蘭州蓋德斯堡的流行病學家依克（Elaine Eaker）指出，在婚姻中，特別是女性，更需要學會用建設性的方式表達失望和生氣的情緒，這不只是在保護婚姻，同時也是在保障自己長期的健康。依克博士說：「這並不是意味著女性應該開始對丈夫丟盤子，而是需要建立安全環境，讓夫妻雙方能夠平等的溝通。」

另一項由西華盛頓大學跨科系研究教授傑克（Dana Crowley Jack）所做的研究，則發現冷戰的傾向和許多身心方面的健康風險都有關聯，包括憂鬱症、飲食失調和心臟病。傑克教授表示，和配偶爭執時，保持沉默是件「偶爾必須要做的事」。他說：「但是我們擔心，有人會採取比較極端的方式。」儘管打冷戰不會對男性有影響，但是丈夫仍會因為吵架時的情緒性語氣受影響。

猶他州的研究人員曾經錄影一百五十對夫妻的互動，藉此測量已婚者的爭吵方式對心臟的影響。參與的受試者大都已經六十多歲，平均結婚超過三十年，沒有心臟病跡象。這些夫妻被要求討論具有壓力性的話題，像是金錢或家務。爭吵方式被區分為溫暖型、敵意型、控制型和服從型。他們同時接受心臟掃描，來測量冠狀動脈中的鈣離子濃度（這是心臟病風險的指標）。

研究人員發現，錄影時的爭吵方式是受試者心臟病風險的有效指標。猶他大學心理學教授史密斯（Timothy W. Smith）也指出，夫妻互動的方式為心臟帶來的風險，如同抽菸或高膽固醇一樣重大。對女性來說，丈夫的爭執方式不論是溫暖型或敵意型，都會對心臟健康造成極大影響。以下是兩個研究中的例子，丈夫正和妻子爭吵與金錢有關的事。

丈夫一：「你小學的數學有及格嗎？」

丈夫二：「上帝保佑你，雖然你對支票不在行，不過在其他方面還滿行的。」

這兩則對話中，丈夫都批評了妻子的管帳能力，但是第二則對話採取的是溫暖型的方式。在研究中，任一方採用溫暖型的方式爭吵，都會降低妻子罹患心臟病的風險。

爭吵方式對男女的影響也不相同。溫暖型或敵意型的對話，對男性的心臟健康並沒有影響。對男性來說，不論表達意見的是哪一方，如果和妻子意見不合的原因是與「控制」有關，也會增加罹患心臟病的風險。

史密斯博士說：「婚姻中出現意見不合在所難免，重要的是表達意見的方式。對許多夫妻來說，要傳達顧慮又不會造成傷害，都是棘手的任務。」一項針對在婚姻裡掙扎的夫妻所做的健康和婚姻關聯分析顯示，其中的風險比許多人猜想的還高。一段美滿的婚姻不只會讓你比較幸福，同時也會讓你比較健康。平均而言，已婚者的壽命較長、不容易頭痛和背痛，也比較不會抽菸或飲酒過量。同時，已婚者比較可能去運動、睡得比較好，而且罹患嚴重疾病時，也會獲得較多的照顧和支援。

如果對婚姻問題不做任何處理而任其惡化，不但對婚姻沒有幫助，還會對你和另一半的健康造成嚴重損害。

婚姻的好處

過去四十年，社會和經濟的改變讓現代人愈來愈晚婚，然而似乎現代人的婚姻比從前的人的婚姻更有抗壓性並且更持久。在每個過往的十年期間，離婚愈來愈少見，也由於晚婚和傾向選擇心靈相通者為伴侶，親密關係變得更加禁得起時間考驗。

在你決定結婚的對象與時機時，顯然會受到許多因素影響。心理學家指出，我們往往會和相同種族、具有相近社經背景的人結婚，選擇和自己的外表吸引力相當、智力和教育程度等方面近似的人為另一半。

親密關係的相關科學研究教會我們，大腦的化學物質、荷爾蒙和生物衝動，會引領我們選擇終身伴侶。同時，文化價值、社會壓力和個人的經驗，也都會影響我們在浪漫情境下的思考、感覺和行為模式。在一項著名的跨文化研究中，德州大學的研究人員巴世（David Buss）調查來自三十七國的一萬名男女，詢問他們理想伴侶的特徵。環顧全世界的男女，大家的理想對象都是聰明的、親切的、善解人意的、可信任的和健康的。最後，當我們決定何時結婚、和誰結婚時，都是基因與演化、個人與文化經驗等錯綜複雜的因素相互影響，也許加上些許意外所導致的結果。

許多研究結果不斷顯示，婚姻會帶來好處，包括較多的性生活、較好的睡眠品質，以及更佳的身心健康狀態等。但這並不表示婚姻不需要費心經營。婚姻在過去半世紀以來，已經有了重大變化。今日的夫妻對兩性關係仍然寄予厚望，使得現代人的婚姻變成像是極需要高度維護的事業。邁入婚姻固然容易，但是我們自己對婚姻設下的高標準，才是讓婚姻變得艱困的原因。

儘管我們很清楚，在婚姻裡會遇到許多不順利，卻往往不知道該怎麼做才會讓事情好轉。衝突必然是婚姻不和的跡象嗎？夫妻吵架對婚姻有好處嗎？小孩會讓婚姻關係更緊密，還是帶來全新挑戰？在金錢方面的顧慮，以及因為家務事所導致的爭執，又會對健康造成什麼影響？兩性關係的研究人員將婚姻放在顯微鏡下檢視，仔細研究夫妻所面臨的許多重大問題後，終於發現診斷婚姻健康和區分衝突形式的新方法，得以指出婚姻成功或失敗。不論是為人父母的挑戰，或是因為家務事與金錢所引發的爭執，透過婚姻研究人員所做的大量研究，可以提供簡單實用的建議，藉由小小的改變使得兩性關係有大大的進展。

然而，當「同甘」（迎向美好的婚姻）變成「共苦」（面對糟糕的處境）時，夫妻應該怎麼做呢？接下來的篇章即將揭曉的答案，很可能讓你大吃一驚喔！

PART 2

面對各種處境

6

診斷你的親密關係

美國記者麥格羅琳（Mignon McLaughlin）：「圓滿的婚姻需要談很多次戀愛，只不過對象都是同一人。」

你有辦法看出婚姻的品質好壞嗎？婚姻研究得到的重要教訓之一，就是許多人在試圖評估、改善婚姻的問題時，都把重點放錯地方了。

任教於柏克萊加州大學的知名婚姻專家李文森（Robert Levenson），曾經主持一項傑出的實驗，企圖找出辨別婚姻是否美滿的明顯指標。他邀請十對伴侶就一般日常話題和夫妻之間的重要話題進行討論與爭辯，並且錄影記錄，之後再把影片做剪接。錄影當時這些伴侶都已經結婚，只是當時李文森博士就已經知道其中五對夫妻早晚會離婚。早在這些夫妻的婚姻失敗前，研究人員已經從他們當時在影片中的互動略知端倪。

李文森博士找來了大學生、剛離婚與結婚多年的人，以及牧師、婚姻治療師，還有兩性關係學者等兩百人檢視這些影片，猜測哪些夫妻最終會離異。結果這些人只猜對了一半，機率跟擲銅板決定正反面的結果差不多。儘管幾乎所有人都以「碰運氣」的方式來預測離婚，其中還是有兩組人在確認「夫妻當中有一方（甚至是雙方）不快樂」的觀察上，表現得比其他人好。剛離婚者及結婚多年者在確認「不滿意的婚姻關係」上，得分比平均值高。那些剛在婚姻關係上遭遇挫折的人也許已經學會，可以就某些跡象辨認出是不是一段糟糕的婚姻。至於結縭很久的夫妻，則已經精通經營婚姻的藝術，因此也掌握了某些讓婚姻美滿的關鍵。

但是對大多數人來說，很可能會受到種種婚姻表象的欺瞞與誤導。李文森博士的實驗結果顯示，美好的婚姻和令人失望的婚姻兩者之間的差異，並不如我們意料中明顯。如果一對夫妻看似經常吵架、怨憤和否定，你可能會因為這樣而以為這是糟糕婚姻的徵兆。然而研究結果卻一致顯示，夫妻的吵架頻率並不足以預測離婚率。甚至還有研究結果指出，衝突是好現象，表示夫妻還願意試著解決問題，而不是任由問題繼續惡化。也就是說，你跟配偶的吵架頻率與原因並沒有那麼重要，爭吵的品質與方式才是夫妻能否攜手邁向幸福的關鍵。

至於那些總是面帶笑容、互開玩笑的夫妻，看似可以讓你放心下個大注，賭他們的婚姻一定美滿幸福。然而，「陷入婚姻危機的夫妻如何互動」的研究結果卻顯示，幽默並非全是好事，因為笑聲和微笑有時是用來舒緩緊張氣氛，藉此掩蓋更深層的問題。事實上，典型的婚姻是由一連串的複雜情緒、互動，以及事件的相互折衝與妥協所組成，因此夫妻之間的大小事並不足以預測婚姻的品質。即使如此，婚姻研究人員也已經發現一些簡單有力的指標，可以提前在關係打滑前診斷出婚姻中隱藏的危機。

你的婚姻是否健康，或是正朝向危險方向發展？以下有些方法可以診斷。

「我們怎麼認識的」故事

你跟另一半怎麼認識的？是一見鍾情，還是交往很久才迸出火花，抑或見面不久立即陷入熱戀？不論新婚夫妻或結婚多年的夫妻，都會時常被人詢問關於初次約會、戀愛的過程，甚至是求婚等細節。或許兩人在高中時期就是情侶、或許是透過交友網站而認識，也可能是在雜貨店認識的，或者因為朋友撮合的盲目約會而認識對方……。不管是因為好笑的、慘痛的，或是意外所產生的美好結果，幾乎所有初次約會的故事都很有趣。

這個多年前的相遇故事，跟你現在與配偶的相處狀況有什麼關聯呢？對於聽人自述當初認識彼此的故事，婚姻關係學者很感興趣，因為可以作為評估這些人目前婚姻品質的依據，特別是雙方當事人如何講述這段過往，又比故事的細節重要太多了。不管是由你或配偶來說，感性的敘述中其實充滿了各種兩人現在感情狀態的線索，也能預測你們未來的婚姻是否埋伏危機。

普立茲獎得主特凱（Studes Terkel）的著名作品之一，是二次世界大戰和經濟大蕭條倖存者口述歷史的訪談集。這本訪談集啟發了克洛考夫（Lowell J. Krokoff）和古特曼（John M. Gottman）這兩位婚姻研究學者的研究靈感。於是，他們依據特凱引導受訪者自述的方法，發展出「口述歷史」的方法來訪問已婚者，詢問這些夫妻當初約會的情形、婚姻的歷程，以及他們對婚姻的看法，還有婚姻隨著時間經過所出現的轉變。

各項研究結果都顯示，夫妻的早年故事與當下的感情狀態有某種關聯。

一九九二年，古特曼博士和華盛頓大學研究團隊曾經發表一項研究結果，這是「夫妻如何認識對方的故事有何價值」相關議題最早期的研究之一。他們以口述歷史的方式，訪問了五十二對夫妻，並且將他們的故事拆解、編碼，然後做建檔。這些夫妻同時參加了在實驗室所進行的討論，研究人員在他們身上裝置了肢體監測器，全程以攝影機錄影做紀錄。根據收集到的資料，研究人員對於哪些夫妻的婚姻很美滿、哪些夫妻正邁向離婚，都有相當清楚的概念。三年後研究人員追蹤同一批夫妻，結果現實情況與預期幾乎相同。「我們怎麼認識的」故事，以九四％的準確率，預測了哪些夫妻會分手、哪些夫妻會攜手走下去。

雖然這是個很有用的技巧，然而用在新婚夫妻上卻有失準頭。理由是因為這些人的婚姻關係還在成形中，尚未發展出固定模式。即使如此，跟一對夫妻聊聊他們早年的戀愛史，通常能察覺未來可能發生的婚姻問題。學者曾經進行調查研究，請來九十五對新婚夫妻述說他們相識的故事，並且在接下來九年內的不同階段進行後續追蹤。對結婚四到六年的夫妻來說，「我們怎麼認識的」故事成功預測哪些夫妻仍然相守的準確率為八六％。九年後研究進入尾聲，故事的預測準確率則滑落到八一％。婚後九年仍然在一起的七十九對夫妻裡，研究人員準確預測了其中的六十八對會持續相守。至於十六對離異的夫妻裡，「我們怎麼認識的」故事則是正確預測了其中的十三對。

好好想一想，這意味著什麼。不管是在結婚之初，或是結婚幾年之後，「我們怎麼認識的」故事扮演了類似水晶球的角色，顯示夫妻在婚姻早期「如何」看待彼此的關係，因此可以作為他們多年後的婚姻狀態判斷指標。

測驗6 「我們怎麼認識的」故事

以下這些問題，是研究人員拿來引導夫妻敘述當初如何認識彼此。現在，請你先看完所有題目後再寫下答案。你不必全部回答，只要選擇其中一兩題特別有感觸的回答即可。這裡的目標，是要記錄你對當年這段感情如何開始的回憶，請即刻作答，避免受到接在問題之後的研究發現影響。

1. 記得你們第一次見面的時間嗎？你對另一半的第一印象是什麼？

2. 你們婚前交往多久？你們會一起做什麼事？
3. 你們是怎麼決定要結婚的？這個決定很容易，還是很困難？
4. 全世界這麼多人，什麼原因讓你決定這個人就是結婚對象？
5. 關於婚禮，你還記得哪些部分？蜜月的事，你還記得多少？
6. 回想結婚的第一年，你還記得哪些事？
7. 婚姻裡的哪個階段，是你認為最美好的日子？
8. 婚姻裡的哪個階段，是你認為最艱困的日子？什麼理由讓你們熬過來，至今依然相守？
9. 在你認為，為什麼有些婚姻會成功，有些婚姻卻失敗了？
10. 你父母的婚姻，是什麼樣的情況？

這些題目看起來相當簡單，但是有許多洞見就隱藏在你的答案裡。為什麼「我們怎麼認識的」故事這麼重要？一般而言，戀愛初期是最浪漫、被愛電得暈頭轉向的階段。剛陷入熱戀時如果去做腦部掃描，結果會顯示不是瘋了，就是有使用毒品，因為腦袋裡掌管理智思考的部位被關閉了。這就是為什麼我們當時不會介意對方顯而易見的毛病（例如髒亂的公寓，或是揮霍無度的習慣），因為這時候的腦袋裡充滿了多巴胺，使得我們被愛情弄得暈陶陶的，同時又感覺很亢奮。我們在這個時候所創造的記憶都帶著粉嫩的色彩，就像戴上被愛情染了玫瑰色澤的眼鏡所看見的世界一般美好。

當我們處於幸福的關係裡，也會用染上玫瑰色調的正面態度，去回憶當年的日子。一旦我們對這段關係不滿意，某些時候的想法或觀點就會有所偏移。這並非我們會編造出根本不存在的問題，只是記憶難過要比回憶快樂容易多了。到最後，我們其實是藉由重新詮釋過往的歷史，來帶出對現況的不滿。在你回憶早年的戀愛過程中，是充滿了美好回憶和開朗的氣氛，還是帶有否定和悔恨的色調？你還記得第一次約會時，你們兩人在雨中迷路的情景，抑或你只記得他不願意停下來問路的那個部分？

婚姻美滿的夫妻，在回憶戀愛時充滿了笑聲、微笑及懷舊的心情，即使是在回憶艱困的部分（像是丟了工作，或是遭逢財務困難等）也是如此。不幸福的夫妻，則是傾向用果斷與否定的態度，來回憶過往的種種。以下舉例做說明，想像一對夫妻的對話，他們正在敘述妻子首次參觀未來丈夫的髒亂公寓經過。「老天！那地方簡直亂七八糟！襪子丟得到處都是，四處可見空酒瓶。一看就知道是單身漢的豬窩。」抑或她是這麼回憶那段經過的：「那真是噁心死了！在那個時候，他就已經是個徹頭徹尾的邋遢鬼了。」

同樣的故事、同樣的髒亂公寓，卻用兩種不同的方式來述說。很清楚的，我們知道哪一位妻子在婚姻生活裡是快樂的。我想到自己的「我們怎麼認識的」故事，那是發生在德州的奧斯汀。那時候剛結婚，我是這麼回憶第一次與丈夫的約會經過：「晚餐後，他提議我們繞著州政府大樓散步一圈。那時候，我的一隻腳剛動過手術，但是那晚我感覺很愉快，於是也就不介意了。由於我不想破壞當下的美好氣氛，所以我便一跳一跳的繞過那棟大樓。」

但是，之後當感情開始走下坡，有時候我回憶起這段往事時，我卻這麼說：「晚餐後，他提議我們繞著州政府大樓散步一圈。那時候，我的一隻腳剛動過手術耶，顯然他根本就沒注意到，其實當時的我是不太能走路的。」

儘管說起這件事時常常帶著笑容，然而我非常確定在自己明白的更早之前，有經驗的婚姻治療師就已經掌握線索，看出我對婚姻關係否定的部分。這就是「我們怎麼認識的」故事的價值所在。除了讓配偶講述你們的「我們怎麼認識的」故事，也要聽聽你自己如何敘述當年的戀愛經過。你所聽到的內容，將會提供初步線索，以了解彼此現下的婚姻狀態。以下，是你在重述婚姻狀況時要仔細檢視的線索：

一、**失望與幻滅**：當華盛頓大學的研究人員在分析前述五十二對夫妻對於「我們怎麼認識的」故事的敘述時，他們發現預測夫妻會不會離婚的有力指標，是觀察丈夫在講述這段故事時，語氣聽起來是否帶有失望或幻滅的感受。以下是個表達幻滅感受的例子：「我希望當時可以等待一些時間再結婚，因為沒有人告訴我婚姻生活會這麼困難。對於當時我們感情用事所做的匆促決定，我覺得非常不理性。」

當研究人員訪問參與研究的男女時，有些男性會說出關於婚姻的一些想法，反映出對婚姻現況的失望或幻滅。有些男性會說，他從來沒見過幸福的婚姻；抑或他可能會提到，跟妻子剛開始交往的時候，對婚姻抱持了不切實際的期望。有時候他會對訪問者提出建議，其中卻隱含了許多細微的信號，暗示他對自己的許多決定感到後悔等。以下這個例子，我們可以看出給別人的建議裡夾帶了失望的情緒：

「在你結婚前，一定要先好好出去玩一玩，盡情瘋狂一下。」

「當我結婚時，根本不知道自己會面對什麼樣的狀況。我父母的婚姻很糟糕，我根本不知道幸福的夫妻是怎麼相處的。」

研究當中，只有丈夫的失望或幻滅才是離婚的預兆。這不表示到頭來丈夫才是決定婚姻成敗的關鍵，而是往往丈夫開始以幻滅的心情回顧當年的戀情時，這段婚姻很可能已經走到很糟糕的地步了。

二、代名詞的選擇：快樂的夫妻在講述這段故事時，會說「我們」以及「我們的」。這些人的「我們怎麼認識的」故事，裡頭充滿了兩人一體的意味。華盛頓大學研究人員將此稱為「甜蜜的我們」。反觀那些不快樂的夫妻，則會避免用「我們」的字眼，比較會堅持用「我」和「我的」，以及「你」和「你的」來做說明。以下是個「甜蜜的我們」的例子：

她說：「我們山裡踏青時迷路了。都是因為我們一路貪看周遭景色的結果。」

他說：「後來，我們就不再去踏青了，但是那一次仍然是我們一起旅行最棒的回憶之一。」

凡是不認為自己屬於「我們」的夫妻，常常是兩人過著平行線般的生活，也不覺得自己跟配偶有何連結。想像這類夫妻可能會這樣講述相同的郊遊故事：

她說：「你那天弄丟了地圖，花了好長時間才回到家。我都累壞了。」

他說：「反正你本來就不怎麼喜歡健行。」

三、感情的流露：當你跟一對情侶在一起的時候，如果他們之間有強烈的火花，你絕對感覺得到。他們會流露關懷、相互稱讚，或是說出對方的優點與成就，就像這樣：「那畫面真是太美了。當米婕穿著白色婚紗走上紅毯時，真是她最美的一刻！」

像這樣讚美妻子穿婚紗的模樣，也許聽起來沒什麼大不了，但還是可以從話裡聽出丈夫的深深柔情和愛意，這可不是在每個婚禮故事裡都聽得到的。在研究中，那些在「感情的流露」項目得分較低的丈夫，訪問過程中並沒有對妻子表示出任何愛慕之意。同理，在重述「我們怎麼認識的」故事時，那些在「感情的流露」項目得分較低的夫妻，也不太會去回憶、讚美另一半，或是流露出以配偶為傲的神情。

四、誇大其詞：幸福的夫妻常會不斷重複他們的故事，或是誇大實情。有個妻子很堅定的表示，丈夫是花了好長一段時間才決定結婚，然而她的丈夫卻誇大詮釋了這句話裡的正面部分：「不過，那些時間花得很值得。即使現在回想起來，我還是覺得那些時間花得很值得。保持謹慎的確證明我們有了好的結果啊！」

如果你的父母不願意談起他們剛交往的那段日子，很可能是個退縮的信號，顯示其中有暗藏問題的風險：「你知道的，我不喜歡談論那些事。」

五、回憶艱難時刻：有時候，交往初期的故事也包括了一些困苦時刻。也許當時你們經濟很拮据，甚至對這段關係感到困惑。不過，就算剛開始在一起時曾經遭逢困頓，快樂跟不快樂的夫妻在講述這些低潮時，仍然有各自不同的方式。不快樂的夫妻常常會使用「一團混亂」來描述那些日子，而快樂的夫妻則會「美化」那些故事。在以下兩個例子裡，請你注意觀察其中有關「我」和「我們」的使用，以及當中所隱含的正面或負面語氣。

「那些年日子很不好過。我整個人的力氣都花在想辦法讓家裡的餐桌上有食物可吃。」

「那些年日子很不好過。有時候我們還真的無法在餐桌上變出食物呢！終究，我們還是撐過來了。」

「我們怎麼認識的」故事已經證明是檢測婚姻品質的實用工具，然而這也不是百分之百準確。還記得那個新婚夫妻的研究嗎？根據他們的「我們怎麼認識的」故事，聽起來其中有十五對夫妻的關係似乎陷入了困境，但是九年後他們仍然沒有離異。此外，有三對夫妻在回憶他們早期的戀愛史時，看起來似乎相當甜蜜，但是最後還是離婚了。

注意代名詞

許多學者投入心力研究，試圖了解人們如何選擇詞彙、如何使用代名詞。佛洛伊德的「動作倒錯」研究率先投入這個領域，想分析人類的一時口誤會洩露多少內心真正的想法。許多研究人員曾經分析，「詞彙的選擇」可以反映出一個人在哪方面有所缺乏，甚至看出可能罹患躁鬱症或其他疾病。電腦科技對語言研究影響深遠。有個稱為「語文探索與字詞計算」的軟體（Linguistic Inquiry and Word Count），能夠將我們所寫的內容和所說的話，細分成七十多個所謂「心理上相關」的小類別。如今，電腦已經可以辨別哪些詞彙帶有正面或負面的情緒。

奧斯汀德州大學的語言學家潘尼貝克（James W. Pennbaker），是這個領域的先驅。他指出，當這個軟體公布後，學界把焦點放在人們關於死亡、宗教或金錢等的對話和寫作內容。但是語言和字彙使用的研究結果則顯示，不管一個人說話的主題是什麼，都會發展出自己的語言系統。

我們選擇的字眼所傳送的訊息，力量之強大，特別顯見於犯罪案例的調查。舉例來說，一九九四年一位名為蘇珊的母親報警，表示她的兩個孩子被綁架了。她告訴記者：「我的孩子曾經想念我。他們曾經需要我。可是現在的我卻幫不了他們。」聯邦調查局的探員注意到這段訪問，發現這位母親說話時所採用的是「過去式」（有別於大多數家長會使用「現在式」來談論失蹤的孩子），暗示她知道孩子已經不在人世。很快的，大家發現這位女性老早就在湖裡親手把孩子給溺死了。

要注意的是，我們所選擇的字眼其實會透露許多事，特別是那些不起眼的小地方，而非重要的或具描述性的字眼。我們所使用的冠詞、代名詞、介系詞及連接詞等，都會建立出很多模式，其中代名詞就是能提供關於人們心理，甚至是生理健康等豐富信號的其中之一。在潘尼貝克博士的著名論文〈我們選擇的字眼說出了哪些關於我們的真相〉（What Our Words Can Say About Us）裡，他舉出一些跟代名詞使用相關的發現：

- 在描寫大學生活體驗時，喜歡使用第一人稱代名詞的學生，很可能處於憂鬱之中。
- 自殺的詩人，傾向在詩裡採用很多第一人稱代名詞。他們不會費心寫出跟其他人有關的敘述，暗示他們在社交上有孤立的傾向。

- 普遍性的社會創傷，會提高人們使用「我們」的機率。關於這點，可以列舉黛安娜王妃車禍去世的事件作為例子。當時在網路聊天室裡，「我們」這個詞彙的使用率竄升了一三五%，而「我」的使用率則往下掉了一二%。

在另一項研究裡，研究人員進行了多項說謊實驗。學生被要求，針對墮胎的看法、喜歡的人跟不喜歡的人的看法，以及有沒有拿走放在書裡的一張美元紙鈔等事件，故意說謊。研究人員分析了上百段對話及寫作之後，發現到一個現象值得注意，就是當人們說謊時，不太可能使用第一人稱單數。顯然的，當一個人說謊時，會避免使用第一人稱「我」，藉此讓自己遠離謊言。事實上，研究人員得出結論：「我」這個字眼，可以是判別一個人誠實與否的最佳指標之一。

其他項目的研究結果則顯示，當人們生病時所使用的代名詞，跟身體健康時的狀況也不一樣。當人們生病時，不太會使用第一人稱代名詞，或許是想藉此讓自己感覺遠離疾病。而當一個人的健康情況好轉時，則使用第一人稱單數和複數的情況都會提高。

既然代名詞的使用是了解一個人心理健康、動機及福祉的重要指標，我們就不難理解，為何婚姻關係研究學者會對代名詞特別有興趣了。還記得「我們怎麼認識的」故事嗎？那些「我們」、「我們的」，以及「兩個人」等字眼格外重要，因為都會喚醒研究學者所謂的「甜蜜的我們」印象，顯示夫妻正攜手走在婚姻美滿的康莊大道上。

賓夕法尼亞大學和北卡羅來納大學教堂山分校共同進行了一項調查，觀察五十九對夫妻如何使用「自己」和「其他」這兩個代名詞。這些夫妻可不是一般普通的夫妻，因為每對夫妻都有一方罹患躁鬱症。這個群組的研究格外重要，因為半數的病人與四成的配偶，都反映他們在婚姻裡不快樂。藉由檢視這些夫妻討論各種問題的文字紀錄，研究人員發現使用代名詞的現象：習慣使用「我」和「我們」的人，比較知道應該如何解決問題。那些在討論中習慣使用「你」的夫妻，他們在對話時會顯露較多負面態度，並且解決問題的技巧也較差，婚姻也較不快樂。

下回當你跟另一半起爭執時，注意彼此所使用的代名詞，試著避免使用「你總是……」或「你從來都不……」等字眼。事實上在吵架時，要試著完全不使用帶有責問語氣的「你」這個字，反而要儘量使用第一人稱的「我」或「我們」。想像一對夫妻因為髒亂的公寓起爭執。他們的對話方式可能如下：「你真是個邋遢鬼。你從來都不會撿起你自己的東西。」

還有以下另一種方式：「房子這麼亂，令我覺得很不舒服，我們真的要想出辦法讓房子保持乾淨。我需要幫手。」

這些對話聽起來或許差別不大，不過對於曾經被責難過「你……」的人來說，就會知道一個小小的代名詞「你」，聽起來有多麼的不舒服、多麼的讓人感覺備受責怪。

翻白眼和婚姻的關係

有時候，一個人的婚姻狀況好壞，只要觀察臉上的表情就知道了。臉部表情是得知一個人感受的有力指標，即使對方說話時選擇使用中性字眼也不影響判斷的結果。就觀察婚姻狀況好壞來說，雖然分辨臉部表情至關重要，卻不見得容易。科學家發現，即使是解讀人的臉部表情，結果也是出乎意料的困難。微笑尤其複雜，它可以代表幸福、驕傲、羞怯、愛意，甚至是輕蔑。一九五〇年代一項針對臉部表情的科學研究評論指出，臉是「研究人員的惡夢」。

一百多年前，法國內科醫師杜襄（Guillaume Duchenne）發現一個方法，可以用來偵測表達幸福的真誠微笑，如今稱為「杜襄的微笑」。杜襄醫師發現，當人們真正感覺快樂時，會同時牽動嘴巴和眼睛周邊的肌肉，形成所謂的「杜襄的微笑」。相較於僅僅牽動嘴巴肌肉所展露的微笑，則會給人不真誠的感覺。當一個人想要遮掩不幸或有所欺瞞時，臉上就會出現這樣的微笑。

當研究人員停止研究臉部表情，改為研究各個肌肉單獨的活動時，研究結果也有了突破性的重大發現。一九七〇年代，人們創造出解剖學上的臉部代碼系統，用來記錄、敘述上千種臉部肌肉的可能組合。例如，眉毛是上揚或下垂、臉頰有無鼓起、有沒有皺起鼻子、有沒有斜眼看人、嘴脣有沒有張開、下巴有沒有拉下、鼻孔有沒有擴張、有沒有眨眼、眼睛是閉起或瞪大，以及有無嘟嘴等，都被逐一記錄編碼。值得注意的是，絕大多數的臉部活動都發生在嘴脣周邊，並且與眉毛、眼睛和鼻子有關。但是這個系統在早期並不好用，並且還很花時間。隨著研究進展，有人設計出新型的臉部肌肉編碼系統，專門聚焦在眉毛、眼睛、臉部中央區域和嘴脣，使得研究人員可以更快速的為表情編碼，進而編碼系統也隨之更加複雜。

在一項針對已婚者的表情研究裡，研究人員分析了七十九對來自印度布魯明頓夫妻的樣本。其中，丈夫平均年齡三十二歲、妻子平均年齡二十九歲，平均婚齡大約五年。首先，這些夫妻一起在家接受了「口述歷史」方式的訪談，然後被分開八小時，隨後在實驗室裡再度碰面。他們會被繫上身體感應器，並且面對攝影機（這聽起來有點恐怖，但是一連串的研究結果顯示，受訪的夫妻很快就會忘記身處的環境，很自然的在實驗裡吵嘴，就跟在家時一樣）。研究人員請夫妻雙方進行大約十五分鐘的談話，隨便聊聊當天發生的事情（例如工作、孩子、該做的雜務、天氣等），之後是五分鐘的安靜時間。研究人員可以藉此感受這對夫妻平常如何互動。

接下來的十五分鐘，會請同一對夫妻談談婚姻裡有所爭執的主題（例如金錢、雙方父母、性生活），再來又是五分鐘的安靜時間。繼續在接下來的十五分鐘裡，這對夫妻則要談談雙方都開心的主題（例如家庭旅遊、房子裝修、家庭寵物等）。

四年後，多數夫妻再次回到實驗室做後續追蹤研究。研究人員發現，即使四年前某些夫妻的對話聽起來很平和，然而當時他們的臉部表情卻已經可以預測後來的婚姻失和。最常出現的關鍵臉部表情，包括憤怒、憎惡、輕蔑、哀傷、恐懼，以及在對話過程中出現的笑容。真誠的笑容會在眼睛周圍出現「魚尾紋」（好的信號），對比只出現在唇邊的笑容，則是對幸福「無感」的表達，往往預示日後的麻煩。

可不要低估這套編碼系統的錯綜複雜程度。像是談論家裡的寵物狗、雙方父母等話題看似平常，然而內容全都會被轉譯成一排又一排的數字，並且據此描繪成圖表，用以剖析夫妻的感情類型。這些透過心跳監視器、電極，以及其他感應器所測得的數據，與記錄夫妻對話的錄影編碼系統是同時進行的。某位妻子或許在錄影時說了一些看似正面、肯定的話，或許她還露出了笑容，但是敏銳的編碼器卻可以發現她的笑容是勉強擠出來的，根本沒有用到眼睛周圍的肌肉。她身體上的感應器顯示，她的心臟跳動得很強烈，表示她的實際感受要比表現出來的不快樂更多。

所有這些資料都會輸入複雜的程式，讓婚姻關係的研究人員可以客觀的研究、判讀夫妻之間的互動。儘管這些數據很了不起（對於研究目的頗為有效），但是研究人員卻無法錄下夫妻吵架時的情況，將之輸進複雜的編碼系統以找出他們的問題。幸運的是，多數臉部表情的重要性並沒有那麼高。實際上只有一個表情很關鍵，而且不需專業研究人員的協助也能辨認，那就是「翻白眼」。

研究人員指出，評估婚姻關係有無問題最清楚的信號之一，就是觀察你在說話或做事時，伴侶是否會有翻白眼的反應。翻白眼的時候，通常會伴隨著微笑或笑聲，因此並非一定是負面行為。不過要是只有翻白眼，絕對就是明顯的輕蔑信號，也是透露婚姻關係陷入大麻煩的有力指標。對許多夫妻來說，這個小動作已經足以洩露雙方的感情狀態。錄影帶裡的夫妻在對話時，儘管看起來很愉悅、說話語調沒有提高，也沒使用尖銳的字眼，然而研究人員卻會拆解其中所有行為，把每個姿勢、表情及語言區分成正面或負面的訊息，然後加以編碼。他們得出的結論是，當夫妻有一方蔑視另一半時，最強有力的證據就是他會在對方說完話後翻白眼。當你開口說話時，另一半翻白眼的頻率如何？抑或你是扮演翻白眼的那一方？

從評估婚姻品質學到的教訓

幾十年來的婚姻研究已經讓我們學到，某些關鍵指標能帶來寶貴的洞見，得以評估婚姻的狀況。然而，這些指標並不能就此為你的婚姻關係蓋棺論定。就算你的

「我們怎麼認識的」故事充滿了許多警訊，也別因此絕望。下一章會提供許多策略與步驟，幫助你修正婚姻關係，確保你的「我們怎麼認識的」故事最後有圓滿結局。

下回跟配偶起爭執的時候，如果你在一長串對配偶的抱怨中，不斷使用的代名詞是「你」，那麼就是個信號，告訴你這場爭執並沒有建設性。如果夫妻有一方經常翻白眼，就算是以說笑的方式表達，仍然代表輕蔑的信號，透露兩人之間的問題要比目前所爭執的主題更多。當然，這並不表示你跟配偶說話時絕對不可以用「你」這個代名詞。但是，如果經常使用「我們」這樣的字眼，表示你們雙方正朝著解決問題的方向前進，而非在製造新的問題。

古特曼在已婚者的研習營裡，常會建議夫妻做個名為「愛的地圖」的婚姻關係深淺測試，可以幫助你更了解另一半的內心世界。顯然，就算在古特曼博士的測驗裡得到高分，也不能保證婚姻幸福，得分低也不表示你的婚姻已經沒救。這個測驗的目的，是利用這些「不對」的答案為你提供方向，讓你知道應該把注意力放在這些地方。

你對伴侶的認識有多深？

1. 我可以說出伴侶最好朋友的名字。
Ⓐ對 Ⓑ不對

2. 我知道伴侶最近的壓力是什麼。
Ⓐ對 Ⓑ不對

3. 我知道最近常惹伴侶不高興的人是誰。
Ⓐ對 Ⓑ不對

4. 我可以說出伴侶的人生夢想。
Ⓐ對 Ⓑ不對

5. 我可以說出伴侶的基本人生哲學。
Ⓐ對 Ⓑ不對

6. 我可以列出伴侶最討厭的親戚名單。
Ⓐ對　Ⓑ不對

7. 我覺得伴侶對我的認識相當清楚。
Ⓐ對　Ⓑ不對

8. 當我們分開時，我不會一直掛念著伴侶。
Ⓐ對　Ⓑ不對

9. 我會常常熱情的撫摸或親吻伴侶。
Ⓐ對　Ⓑ不對

10. 我的伴侶非常尊重我。
Ⓐ對　Ⓑ不對

11. 我們的感情仍然炙熱如火。
Ⓐ對　Ⓑ不對

12. 我們的關係中，仍然有浪漫的成分。
Ⓐ對　Ⓑ不對

13. 我的伴侶很珍惜我對這段感情的付出。
Ⓐ對　Ⓑ不對

14. 整體而言，我的伴侶喜歡我的個性。
Ⓐ對　Ⓑ不對

15. 多數時候，我們的性生活很令人滿意。
Ⓐ對　Ⓑ不對

16. 在一天的尾聲，我的伴侶總是迫不及待的想要見到我。
Ⓐ對　Ⓑ不對

17. 我的伴侶是我最好的朋友之一。
Ⓐ對　Ⓑ不對

18. 我們就是很喜歡跟對方說話。
Ⓐ對　Ⓑ不對

19. 在我們的談話中，雙方都有不少的貢獻與收穫。
Ⓐ對　Ⓑ不對

20. 即使意見不同，我的伴侶仍然會尊重我，並且也願意聽我說話。
Ⓐ對　Ⓑ不對

21. 我的伴侶通常能幫我解決問題。
Ⓐ對　Ⓑ不對

22. 關於基本的價值觀和人生目標，我們的理念相當一致。

Ⓐ**對**　Ⓑ**不對**

測驗分析——

十五個以上的「對」：恭喜你！你們的感情關係非常穩固。

八到十四個「對」：你們的感情關係，現在是關鍵時刻。你們的關係有些穩固的基礎，也有些需要你留意的弱點。

七個以下的「對」：你們的感情關係，可能陷入了大麻煩。如果你為此感到憂慮，或許表示你還重視這段關係，並且願意尋求協助。

資料來源：這份「愛的地圖」測驗由古特曼博士撰寫，摘錄於古特曼研究機構的官網。古特曼博士在「夫妻和家庭關係」的研究領域中，是世界知名的學者。若想知道更多關於夫妻討論與個別諮商的訊息、治療師訓練課程，以及跟婚姻相關的書籍和DVD等，可以造訪他們的網站www.gottman.com。

7

好好吵架，感情會更好

美國喜劇演員迪勒（Phyllis Diller）：「絕不帶著怒氣上床，寧可熬夜也要把事情解決。」

在芝加哥一場婚姻關係與家庭研究的討論會裡，我與來自柏克萊加州大學的寇文夫妻（Philip and Carolyn Cowan）一起吃早餐。這對夫妻是知名專家，把婚姻和學術生涯全都貢獻在相關研究。我問他們，為何男性和女性都在婚姻裡過得很辛苦，對方妻子凱洛琳的答案讓我感到驚訝。

她回答：「在婚姻裡，我們需要學習容許多一點的衝突。」多一點的衝突？我有點驚嚇，因為我在婚姻裡始終避免發生任何衝突。我看過許多夫妻為了微不足道的事情吵架，還曾經為了自己很少跟另一半吵架而感到慶幸。母親過世前，跟父親的四十三年婚姻總是在吵架（儘管他們始終對外宣稱，彼此有多麼相愛）。我告訴寇文博士，「我不需要一段爭執不斷的婚姻。」凱洛琳也承認自己不喜歡跟先生吵架，她語帶哲思的說：「有些事情就是需要挑戰和面對。」

許多夫妻在衡量婚姻狀態時，會以與配偶（或生活伴侶）的吵架頻率為依據，沒有吵架的時候，婚姻似乎顯得踏實堅固；吵架的時候，就會覺得痛苦難過。談到婚姻關係，通常男性和女性都會同意的觀點就是：爭執愈少，婚姻愈好。但是，婚姻衝突的科學研究結果卻顯示，夫妻需要重新思考「衝突」在他們生活裡所扮演的角色，並且提供機會改善婚姻品質。像是靈魂伴侶、自我成就、夥伴關係等理想，都可以藉由更多的協商、討論與爭吵而實現。

關於婚姻裡的衝突，婚姻研究學者古特曼提出了很有趣的理論。如同掠奪者和其獵物在維持生態環境裡所扮演的角色，他相信正面和負面的互動，同時在婚姻的生態裡扮演重要角色。一定數量的衝突是必須的，可以藉此「拔除」長期以來會對婚姻造成傷害的問題。他在自己的研究中發現，衝突所造成的「短期痛苦」，反而有助婚姻的「長遠健康」。他深入調查那些處在婚姻關係早期階段的夫妻，發現可以和平相處的夫妻要比時常拌嘴的夫妻來得快樂。但是三年後，和平相處的夫妻很可能已經朝著離婚之路前進，抑或已經離異，反而那些經常吵架的夫妻，則是已經梳理了婚姻不順的扭結，能夠維持穩定關係。

古特曼博士說：「要讓婚姻真正帶來安定力量，夫妻必須把彼此的差異說出來，不管是用激烈的、正式的，或是輕描淡寫的方法來解決都行。與其保持被動與消極，偶爾的憤怒也可以是資源，幫助婚姻隨著時間經過愈來愈好。」

「憤怒可以是幫助婚姻變得更好的正向資源」的概念很難被一般人接受，然而不少相關研究學者卻都得出相同的結論。並非所有的衝突都相同，但是暴力永遠都不被允許。那些在爭吵中出現的敵意、負面態度及輕蔑（例如直接喊全名、說粗話、諷刺，以及威脅等），本來就不是婚姻健康的徵兆。

面對多數的婚姻爭執，想要維持婚姻健康最重要的關鍵是，夫妻必須遵守一些根本原則，好讓紛爭可以透過更公平、更有建設性的方式結束。

事實上，我們從數十年來婚姻研究所得到的教訓是，基本上多數關於婚姻衝突的傳統智慧都是錯的。衝突研究的目的並不是要把婚姻的紛爭完全抹去，反而是希望藉由了解「為什麼吵」與「如何吵架」，讓夫妻學習駕馭怒氣和衝突的力量，進而強化婚姻關係。也就是說，我們要學習檢討衝突發生原因、如何防止衝突擴大，以及了解爭吵中最重要的部分。

夫妻為什麼爭吵？

研究「決定夫妻爭吵的理由」的困難度，要比我們想像更高。因為衝突受到各種社會性、文化性的因素所影響，而夫妻可以找出無數種可能的事情來爭論。自一九八〇年代一連串開創性的研究以來，任教奧斯汀德州大學的巴世（David Buss）

開始精確辨認造成男女衝突原因的研究。

巴世博士訪問了六百名男性和女性，包括正在交往的、新婚的，或是婚姻不幸福的人。一開始他先找來一百零七名心理系學生，要他們列出四項男性和女性都會做，並且會讓異性因此「沮喪、受傷、生氣或是惱怒」的事。經過刪掉明顯重複的項目後，這些抱怨理由的數量仍然驚人，因為學生總共列出一百四十七項會造成夫妻一方沮喪的明確事由，包括沒有把馬桶座放下來、打嗝超大聲、在別人面前打斷另一半說話，以及對另一半大喊等。

處在這麼多隱性的衝突來源之間，巴世博士另外招募三百一十七位學生（男性和女性人數各半），同時增加第二批二百一十四位新婚夫妻的採樣（這些人是透過公開的婚姻紀錄招募而來）。他提供這些人列有一百四十七項衝突來源的清單，並且保留五個空白欄位，讓他們填寫沒有列出的項目。接著，這些人必須根據自己過去一年來的親身經驗，把抱怨的項目標示出來。根據研究內容，巴世博士把男性和女性最常抱怨另一半的理由分成以下十五個類別：

- 優越感（他／她對待我的方式彷彿我是笨蛋，或是比他／她矮一級）
- 偏執／忌妒／依賴（他／她要我把心思全都放在他／她身上）
- 忽視／拒絕／不可信賴（他／她沒告訴我，他／她愛我）
- 虐待（他／她甩我巴掌，或是對我說粗話）
- 不忠實（他／她對我說謊，或是跟別人出去）
- 不體貼（他／她沒有幫忙清理，或是對我大叫）
- 喜怒無常（他／她行為舉止很「糟糕」，或是所有事情都幫我安排好）
- 自我中心（他／她表現得很自私）
- 過度重視外表（他／她老是說個不停，或是花太多錢買衣服）
- 外表邋遢凌亂（他／她不會把自己的外表打理整齊）
- 嘲笑伴侶的外表（他／她說我很醜，或是嘲笑我的外表）
- 對性不感興趣（他／她拒絕跟我做愛，或是在過程中拒絕引導我）

- 對性太躁進（他／她利用我，或是直接要求做愛）
- 容易對別人有好感（他／她會說另一個女人／男人多好看之類的話）
- 濫用酒精飲料／隱藏情緒（他／她喝太多，或是不知道他／她在想什麼）

這些研究發現都清楚顯示了，許多衝突的來源已經超越了性別的限制。男性和女性都同意某些行為（例如不忠實、虐待、優越感，以及忽視等）會讓人感覺不舒服。至於某些行為問題，似乎只會讓單一性別感覺特別困擾，例如女性會覺得以下的男性很討厭：

- 直接提出做愛的要求，讓她感覺自己被利用，或是想要強行求歡。
- 不知道他在想什麼又很固執，喝酒無節制，或是不停的抽菸。
- 不體貼也沒有禮貌，例如不把馬桶座放下來。

而男性則會對以下的女性反感：

- 拒絕做愛，或是冷感無反應。
- 情緒化，難以取悅。
- 只在乎自己，對外表過度重視，或是花太多錢在衣服上。

這些數據讓研究人員可以更精確的記錄，所有引爆男性和女性衝突的來源。從中可以發現許多有趣的模式，例如不管太頻繁或不足，性都是男女起衝突的常見因素，情緒也常常令一方配偶感覺挫折，不管是隱藏情緒、表現得很剛強，或是太常發洩情緒。此外，女性時常希望男性可以多為別人著想，而男性卻希望女性可以不要老是只為自己想。這些現象豈不很有趣？

數據顯示，衝突來源時常起因於性別差異，這也解釋了為何有些問題顯得特別棘手。但是即使我們知道了問題的源頭，也還是無法讓男性把馬桶座放下來，或是讓另一半不要花太多錢買衣服。反而是要告訴我們，許多婚姻關係的衝突是因為文化，甚至是生理上根深柢固的觀念所造成。

這項研究也有其局限性，因為多數的受訪者是學生，在他們目前的人生階段，金錢和育兒相對不會是關心的問題。最近，研究人員針對來自麻州佛明漢鎮近四千名的男性和女性做了調查研究。這些受訪者並不是大學生、心理系學生，或是那些知道有人在研究他們婚姻關係的人們，他們以為自己所參與的是關於心臟血管健康的長期研究。在研究過程中，他們的健康習慣和生活都會被經年累月的記錄下來，作為測量健康問題的依據。同時，這些男性和女性也被要求列出會跟配偶吵架的主要原因，結果這些差異頗為驚人。看看表格中所列的男女吵架原因差異：

吵架原因前三名

女性	男性
孩子	性生活
家務事	金錢
金錢	休閒娛樂

女性排名第一的衝突來源是孩子，男性則是性生活。想想看這兩個衝突的來源有什麼共同點？孩子會耗費父母大量的時間和心思，然而為了配偶著想，同樣也需要花費許多時間和心思在性生活方面。這兩項衝突來源，最終都會因為夫妻能保留

多少時間給對方而影響。關於佛明漢的鎮民「衝突研究」結果顯示，金錢和時間是多數夫妻衝突的主要來源。我們會在後面的章節談論這些問題，並且找出金錢和家務事在婚姻裡所扮演的角色。

測驗8 你們在吵什麼？

家裡的戰爭區塊是如何劃分的？找個你跟配偶和平相處的時候，把以下六個項目根據重要性排出優先順序，藉此確認在你的婚姻關係裡，最容易造成衝突的原因。接著再看看全美的研究結果，比較男性和女性各自覺得最容易跟伴侶爭吵的事項排序。

	你的順序	配偶的順序
孩子		
性生活		
家務事		
金錢		
休閒娛樂		
酒精飲料		

在國家研究中，男性和女性各自覺得最容易跟伴侶爭吵的事項排序。

	男性的順序	女性的順序
孩子	1	4
性生活	2	1
家務事	3	6
金錢	4	2
休閒娛樂	5	3
酒精飲料	6	5

找出婚姻衝突的來源，可以幫助夫妻更了解對方，但也不全然表示夫妻的爭論可以就此解決。婚姻研究人員表示，七〇%的婚姻時間裡，夫妻無法解決彼此的衝突。一份追蹤「夫妻衝突」的十年研究結果顯示，這些夫妻現在吵架的原因（或事

件），與十年前完全相同。

「夫妻衝突」的研究，已經讓許多婚姻治療師改變了他們提供給夫妻的建議。現在，他們比較會告訴這些丈夫與妻子，去接受所有爭執的領域，並且接受「多數問題（不管是家務事，或是去購物）根本就無解」的事實。也就是說，夫妻試著和諧相處、改善婚姻關係固然是好事，但是同時也要知道，婚姻幸福不一定表示非得事事達成共識（而且也不太可能做到）。想想你認識的夫妻裡，有幾對凡事都能持同樣的想法？對婚姻來說，期待丈夫或妻子贊成自己的所有意見，是個不切實際的沉重負擔。

匹配的迷思

就我的婚姻而言，我跟丈夫在很多方面都有共同點，例如：我們都在新聞界工作，家庭背景相似，雙方父母的婚姻都維持得很長久；我們都主修人文學科，也都編過校刊；我們都熱愛食物、美酒和藝術，我們是很好的旅伴，一起遊歷世界；我們的社交圈包括好幾對結婚很久的夫妻，甚至曾經跟其中幾對結伴度假。此外理所當然的，我跟丈夫共同擁有兩隻貓、一間房子，以及一個孩子。

撇開我們有這麼多的共同點，如果現在你問我丈夫為何要離婚，他會告訴你：「我們彼此就是不合適。」這個所謂的「合適」與「匹配」到底是什麼意思？如果表示跟你的配偶喜歡同樣的事物（例如滑雪或騎自行車），那麼假設你們其中一位受傷，再也無法參與這些活動，難道就不再適合彼此？或者，如果表示你們在很多方面都相通，那麼兩位看起來似乎很合適、很匹配的夫妻，甚至還有孩子、房子，以及共同的朋友，並且幾乎一輩子都一起度過，為什麼最後結局還是以離婚收場？

許多著名的婚姻研究人員都表示，我們學到的教訓就是高估了「合適」與「匹配」。德州大學心理系教授休斯頓（Ted Huston）也指出，過度重視「速配」很可能就是麻煩的信號。在他一項名為「成雙成對」的計畫研究結果顯示，就喜歡與不喜歡的項目來說，快樂的夫妻多少要比不快樂的夫妻來得「匹配」。但是會洩漏夫妻不和睦的信號之一，就是有一方配偶開始擔心彼此不合適的問題，或是開始高估「匹配」對成功婚姻的重要性。休斯頓博士指出，當男性（或女性）表明自己跟配偶就是不合適的時候，其實他真正想要表達的意思是：彼此無法和諧相處。

事實上，「合適與否」的問題根本就是來了又去，因為沒有任何夫妻永遠適合對方。有時候夫妻可以愉快相處，有時候卻會為了金錢、性、孩子與時間吵架。良好的婚姻並非表示夫妻無時無刻都能完美契合，而是他們知道如何處理彼此之間的差異。

學會「好好吵架」

現在你已經知道，會為什麼事情而吵架了。那麼再來想想，以下婚姻研究結果最重要的其中一個發現：你跟配偶為什麼吵架根本不重要，重要的是你們怎麼吵架

（因為這足以預測你們的婚姻關係是否健康）。

不管爭執內容是否包括性、雙方父母或家務事，吵架的細節對於檢測夫妻能否相處，並不能提供實質的洞見。關鍵在於態度。你們是怎麼開始吵架的？討論困難的話題時，你們彼此如何反應？你們展現的臉部表情和肢體語言是什麼？你們怎麼修補吵架後的關係裂痕？吵架時你們是否失控，或是當中有一方想要冷靜？如同多數的婚姻研究，吵架時的表象可以欺瞞我們。然而，吵架時會臉紅脖子粗或大吼大叫的人，可能比表現冷靜的人擁有更健康的吵架模式（事實的真相，還是必須根據他們說了什麼、怎麼說話才能確定），吵架頻率也不足以當作判斷指標，可以預測夫妻關係好壞或評估離婚危機。

為了找出其中關鍵，研究人員進行了數十項調查。他們請夫妻談論困難的話題（像是金錢、性、家務事等任何可能引起爭吵的事情）並且將過程進行錄影。受試夫妻都佩戴了血壓和皮膚監測器，來記錄每個身體節奏、臉部表情抽動與活動，再由電腦程式來觀察夫妻交換意見的過程，為每個字彙、表情做編碼。

研究結果顯示，夫妻之間的溝通還有另一個隱藏的層面，遠超過文字、眼淚或怨怒這些在爭論中明顯易見的信號，那就是在跟配偶吵架時，我們會釋放出來的明確訊息（包括如何看待彼此、對彼此關係的在乎程度，以及能否從婚姻中感覺滿足或幻滅）。如何弄清楚這些訊息的意思、誰先開始吵架的、吵架怎麼開始的，以及吵架如何進行等，全都可以看出婚姻品質的指標。

誰先開始爭吵的？

研究結果顯示，八〇％的爭吵是由女性主動挑起的。但不表示女性應該為婚姻裡的所有問題負責，而是說明女性比較願意冒險情緒混亂的危機，嘗試去解決問題。總得有人開始，通常女性就是比較願意擔任開啟對話的那個人。

關於「女性似乎比較願意扛起衝突所引發的情緒重擔」，也有個生物學上的解釋可以說明。壓力的研究結果顯示，男性和女性的反應大不同。相較於女性，男性的心血管系統在面臨壓力時似乎可以迅速做出反應，而且需要較長時間才能復原。當男女同時受到驚嚇（例如一陣大聲響，或是撞擊聲）時，男性的心跳速度會比女性快，並且血壓居高不下的時間也會比女性長。

阿拉巴馬州大學的心理學家日曼（Dolf Zillmann），對「特定的壓力／挫折如何對男性和女性造成不同影響」進行一連串研究實驗，受試的男女都被綁上肢體監測器，也被告知是某些實驗的一部分。其實實驗只是噱頭，事實上研究人員要觀察這些人與儀器檢測人員之間的互動（檢測人員故意表現得很難相處、說話很不客氣）。隨後檢測人員離開房間，受試者被通知休息二十分鐘。對男性來說，二十分鐘休息時間沒有太大效果，他們的血壓持續上升並且停留在高點，只有當「報復」機會來臨時，這些男性的血壓才會下降。在實驗中，受試對象可以針對粗魯的檢測人員填寫意見表（利用寫負評進行報復的機會，幫助男性冷靜下來）。相反的，受到同樣對待的女性通常經過這二十分鐘休息就可以恢復冷靜，顯示她們的生理機能比較能在衝突當中自我冷靜。

「衝突會對男性造成生理耗損」的事實，可以解釋為什麼男性通常不願意開啟爭端。同時這個事實也顯示了原因，讓我們明白為什麼當男性開始表現出防衛、然後態度變得消極負面，並且感覺需要藉由報復來舒緩其中的壓力時，會導致衝突迅速惡化。

決定一切的三分鐘

古特曼博士和科學家柯瑞爾（Sybil Carrère）進行了一項重要的研究，追蹤一百二十四對結婚不到九個月的新婚夫妻。過程中，研究人員會「觀察」及「編碼記錄」所有表示正向的動作和語言（像是喜好、認同、鍾愛、幽默和喜悅），並且找尋更多表示麻煩與問題的信號（包括輕蔑、好鬥、憎惡、跋扈、怨忿、畏懼、緊張、防備、嘀咕、悲傷，以及冷漠等）。

研究結果顯示，衝突發生時的前三分鐘，就可以決定這次的爭吵有無建設性，或者是否會損害婚姻關係。華盛頓大學的研究結果也證明，研究人員觀看夫妻的前三分鐘對話，就能預測哪幾對夫妻會攜手走下去，哪幾對夫妻在接下來的六年將會離異。

也就是說，能夠小心、溫和處理衝突的夫妻，比較可能讓爭吵有建設性，並且強化（而非弱化）婚姻關係。意即如果可以在衝突開始的三分鐘之內處理得宜，就不太需要擔心修補彼此的關係。婚姻研究結果也顯示，建設性爭吵跟破壞性爭吵最主要的差異之一，就是衝突是由抱怨或批評做開端，然而有時候兩者不容易明確區分。看看以下幾個引爆衝突的例子：

關於「家務事」的例子：

「我昨晚很沮喪，因為回家時發現還有一堆碗盤沒洗，地板還沒打掃乾淨。」（抱怨）

「我不過是開這麼一次會議，你為什麼不能在哄小孩睡覺後，把碗盤洗一洗？我在忙的時候，你從來不會想幫忙。」（批評）

關於「性生活」的例子：

「我希望我們的性生活能夠更頻繁。」（抱怨）

「你從來都不想要做愛。你總是太累、太疲倦。你到底怎麼了？」（批評）

關於「照顧小孩」的例子：

「我真的很需要幫手來安排小孩的週末活動，也需要自己的時間。」（抱怨）

「你只會想到自己。為什麼從來沒想過我可能需要幫忙，或是今天我可能也想做些事？」（批評中語帶諷刺）

一旦了解抱怨和批評兩者之間的差異，就能朝著「改善爭吵品質」的道路走去。夫妻當然可以對彼此感覺不開心，甚至感覺討厭（事實上，這也是無法避免的），重點在於要把焦點放在讓人不舒服的行為上，而不是去做人身攻擊。當你以批評、輕蔑或諷刺的方式做開場，就表示後面有一連串大麻煩等著你了。這麼一來，不僅不會贏得這場爭吵，最後還會因此變得不快樂、不滿足，態度表現得負面與消極，這些都足以毀壞你的婚姻關係。

抱怨跟批評兩者之間的差異有時候很細微，所以說話時的遣詞用字要很小心。古特曼博士在《為什麼婚姻不是成功就是失敗？》（Why Marriages Succeed or Fail）書中解釋，相較於抱怨有很明確的目標，批評就顯得廣泛同時包含責備，而輕蔑則是常常把侮辱加進批評裡。像是「你老是……」、「你從來都不……」等字眼就是信號，告訴自己對配偶的抱怨已經變成大範圍的批評了。當你跟配偶發生爭吵不愉快時，盡可能避免使用「你」這個字，應該試著使用「我」或「我們」，來取代帶有責難語氣的「你」。

古特曼博士指出，比批評更糟的是輕蔑，如果批評讓人感覺難過，那麼輕蔑就顯得更殘酷了。我們在前面提過，翻白眼也是輕蔑的主要表現之一，這個表示輕視的動作「暗示」了對方所說的話並不重要。他認為輕蔑代表階級，藉此讓聽到刺耳話的一方感覺被極小化。喊一個人的全名或出口侮辱人的言語等，都是輕蔑的表示，也是看出婚姻有無陷入大麻煩的其中一項重要指標。

測驗9 你是中肯抱怨，或是情緒化批評？

這項測驗是要幫助你辨認衝突、抱怨，以及蔑視三者之間的差異。針對每道敘述，圈選出你覺得最適合的答案。

1. 當你晚到卻不事前打電話通知時，我感覺很不舒服。

Ⓐ抱怨 Ⓑ批評 Ⓒ蔑視

2. 你無法讓人信任。

Ⓐ抱怨 Ⓑ批評 Ⓒ蔑視

3. 你跟孩子玩的時候太過粗野了。

Ⓐ抱怨 Ⓑ批評 Ⓒ蔑視

4. 你從來都不想行房。

Ⓐ抱怨 Ⓑ批評 Ⓒ蔑視

5. 我覺得你把我做的事，都當成理所當然。

Ⓐ抱怨 Ⓑ批評 Ⓒ蔑視

6. 你跟你母親一個模樣！

Ⓐ抱怨 Ⓑ批評 Ⓒ蔑視

7. 我希望你可以更常主動表示想要行房。

Ⓐ抱怨 Ⓑ批評 Ⓒ蔑視

8. 我很難過，因為晚餐後你沒有幫忙清理、收拾東西。

Ⓐ抱怨 Ⓑ批評 Ⓒ蔑視

9. 你真是個邋遢鬼。

Ⓐ抱怨 Ⓑ批評 Ⓒ蔑視

測驗解答——

1 抱怨 2 蔑視 3 批評 4 批評 5 抱怨 6 蔑視

7 抱怨 8 抱怨 9 蔑視

男性在衝突裡扮演的角色

雖然女性比較可能主動開啟帶有衝突性的對話，但不表示男性就不需要為爭執的後續發展負責。在一份研究裡，李文森和古特曼兩位學者邀請白天分開了八小時的夫妻們聚在一起，針對「你今天過得如何？」主題參與討論。研究結果發現，那些在夫妻爭吵時會出現的負面信號，也會出現在像是詢問「對方過得如何」這樣的良性對話當中。例如，某男性語帶輕蔑的對妻子說：「為什麼你不先去，這又不會花你很多時間。」

丈夫並無意爭吵，但是語氣中卻隱藏了不甚高明的反駁意味，同時使用了嚴厲的口吻作為對話的開場白。在這句話裡，他已經破壞了兩項夫妻溝通的基本守則：嚴厲意味的開場白，以及對配偶表現出蔑視。研究結果顯示，那些容易使用嚴厲口吻開始討論的女性，通常丈夫也會對「你今天過得如何？」這類型的對話表示不感興趣，或是持負面態度。

到底是哪一個因素先發生，然後再引發另一個反應？是妻子的負面態度，或是丈夫的不感興趣？目前尚未找到明確的原因。不過古特曼博士指出，目前研究結果顯示，婚姻裡的負面情緒會影響雙方，如果沒有一方願意停止這樣的溝通模式，通常也意味著他們的婚姻大麻煩迫在眉睫。

你的肢體語言說明了什麼？

婚姻研究學者已經確認，幾種夫妻爭吵時會出現的肢體動作，可能暗示這段婚姻關係陷入麻煩。如同我們先前討論過的，當一方在說話時，另一方不斷表現出負面表情（尤其是妻子的翻白眼），絕對就是個麻煩的信號。

像是坐在椅子上動來動去的身體轉動，以及四處走動等行為，除了暗示不安、煩亂與激動，也是衝突可能擴大失控的信號。想想自己跟另一半的衝突情況。當你們坐著吃飯時比較不可能發生太嚴重的爭吵，激烈的衝突時常發生在一方站起來、雙手劇烈擺動的四處走動，或是走出去的時候。

藉由肢體語言也可以看出，一個人是否關閉心門拒絕溝通。發生衝突爭吵時，退縮（特別是丈夫）是經常出現的狀況，也跟對婚姻滿意度的下降有關。顯示「退縮」的肢體信號，包括了視線不接觸、手臂橫舉交叉、鬱鬱寡歡不帶表情的臉，以及僵直的頸子，另一個信號則是沒有任何聲音或肢體動作的回應。當一方在說話的時候，對方至少會發出一點聲音（像是「嗯」，或是表示不同意的「哼」），或是做出點頭、揉太陽穴等動作，這些回應至少顯示某人多少還在狀況內，一旦任何聲音或肢體動作都消失，就是退縮的明顯信號了。

「好好吵架」學到的教訓

爭吵時具備「防止衝突擴大」的止血能力，不僅是健康婚姻衝突的最重要元素之一，同時也是構成健康婚姻的必要成分。通常，只有一方會扮演「防止衝突擴大」的角色，但是在許多健康婚姻的關係裡，夫妻雙方會視情況評估由誰扮演這個角色。

在很多企業，員工心理諮商輔導員也會利用「防止事態擴大」的基本守則，來解決辦公室裡發生的衝突。這項功課，也可以用來幫助夫妻限制爭吵的範圍，避免場面失控。

針對「防止衝突擴大」，提出以下基本建議：

- 用安靜、緩和的語調說話。不要咬牙切齒或激動。
- 直視配偶的眼睛，雙手或雙腳不要交叉。確定自己是坐著的姿勢；即使是站著，也要跟配偶保持同樣高度，這樣誰都不需要抬頭或低頭說話。
- 可以視需要暫停對話，藉此整理思緒，不要甩門而出。明確的告訴配偶，自己現在很難過，需要時間冷靜，晚一點再討論。

以下基本用語，有助於減緩衝突發生時的緊張氣氛：

- **澄清用語**：使用「聽起來你是說……」來重複對方的話，讓對方知道你真的有在聽他說話，即使你不一定認同。
- **溫和用語**：使用「也許……」、「如果……」、「情況看起來似乎……」、「我想知道……」、「或許……」等句子開啟對話，藉由反問對方的方式，來表達你的不贊同。

- **肯定用語：**「我知道這對你來說也很不容易」、「你的話我聽進去了」、「我很高興，我們都想要解決這個問題」。
- **開放式問句：**「你是怎麼想的呢」、「我們下一步應該怎麼做」。

「防止衝突擴大」的止血能力是一門技術，或許需要透過練習，來熟悉這些澄清用語、溫和用語、肯定用語，以及開放式問句等。當兩人爭吵得很激烈時，要明確記住如何「止血」是相當困難的，這時候只要選擇一兩項在當下會讓你比較自在的用語就可以了。關鍵的是，專注在爭端上，不要讓衝突擴大至無法收拾。當你發現氣氛愈來愈緊張、自己的聲音語調上揚、脾氣就要衝上來時，請先讓自己冷靜。有時候，像是「我討厭我們吵架」這樣的簡單聲明，可以讓爭吵得以喘息，避免讓衝突愈演愈烈。

另一個避免衝突失控的方法是「幽默」。婚姻衝突的研究結果顯示，最幸福的夫妻擅常在衝突的當下或過後，利用愛意和幽默來修補雙方關係的裂痕，意即在爭吵的當下利用「暫停」停止爭吵，等待雙方冷靜並且復原後，再適度「展現愛意」。使用這樣的方式，可以把一場惡戰完全扭轉。

記住，基本上沒有人喜歡跟自己的丈夫或妻子爭吵，但是衝突在婚姻中無可避免。就算你跟配偶爭吵，也不表示你們的婚姻很糟糕。事實上，正常的爭執也可以視作是健康婚姻的信號。關鍵在於找出方法，讓衝突對你們有利，也就是把這些衝突轉化成公平的爭辯，並且具有建設性。

我們在這一章學到的最大教訓就是，不必擔心為什麼吵架，也毋須煩惱吵架的頻率，而是要關心、注意吵架的黃金三分鐘！讓自己和配偶在有爭議的話題上有好的開場，自然可以改變整場爭吵的調性，順利解決紛爭的機會也就愈大。當衝突有擴大之勢時，要軟化語氣並做出「止血」動作，請學會辨認「抱怨」和「批評」兩者之間的差異，同時注意自己在爭吵過程中使用的辭彙和肢體語言。爭吵從來就不是容易的事，也無法令人愉快，但是學會公平的吵架可以讓你跟配偶知道彼此的差異，卻不至於傷害感情。當夫妻學會好好吵架，也就不需要擔心為什麼吵架了。

8

有了孩子以後

喜劇演員拉德納（Rita Rudner）：「老公和我決定在養狗和生孩子當中擇一，卻無法決定是要毀了我們的地毯，還是毀了我們的生活。」

有位母親在閱讀養育孩子跟婚姻的相關報導後，頗不以為然。該篇報導指出，將近七成的夫妻有了孩子後，對婚姻的滿意度明顯下降。她驚訝的說：「七成？只有嗎？」

既然人人都知道父母難為，為什麼仍然有許多夫妻對於「孩子對婚姻會有巨大影響」的事實感到驚訝不已？當一對夫妻決定生育時，通常只會想到孩子可以為家帶來喜悅。當然，他們也知道往後即將面對無數個失眠的夜晚，以及一輩子的責任，但同時也會擁抱希望，因為這個新生兒的到來會讓雙方共同擔負起責任，強化彼此關係更緊密。

然而過去數十年來的觀察研究結果卻顯示，孩子對婚姻關係的影響是負面的。雖然這個結果讓不少人感到驚訝，但是當研究團隊審視「孩子出生前／後」的婚姻關係時，卻發現大量的結果都顯示孩子的確是壓力的主要來源之一。一九八〇年以來，超過二十四份的研究結果也發現，當夫妻成為父母親後，婚姻的幸福感和彼此的關係都會垂直下降。

羅格斯大學的「全美婚姻研究普查計畫」（National Marriage Project）內容中提到：許多美國人相信，成年人最開心、最滿足的階段是在孩子出生前，以及孩子離家獨立後的時間。因為家裡有孩子的那些時間總是片段而且零碎，並且孩子似乎有礙夫妻關係，不會讓彼此的感情更美滿。研究數據顯示，唯有當孩子離家獨立後，夫妻才能回復新婚階段的滿足和幸福。

那些仍然希望擁有孩子（或是已經擁有孩子）的夫妻，也不必為此感到失望。孩子的到來會為婚姻同時帶來喜悅和紛擾，端視夫妻雙方是否事前做好準備。為人父母都知道，孩子會帶來壓力和挑戰，使夫妻之間的相處時間變少、花費增加，並且家務事也會隨之增加，這些都是導致婚姻滿意度直線下滑的原因。儘管如此，還是有大約兩成的幸運夫妻如魚得水，可以優游自在享受父親與母親的身分。他們的婚姻仍然幸福，甚至在孩子到來後關係更加美滿融洽。他們的祕訣是什麼呢？本章將探討其中的答案。

毫無疑問的，父母和夫妻兩種身分的關係經營都充滿挑戰，相加在一起的時候更會把人壓得喘不過氣。如果原本就有很高的幸福感，要安然度過為人父母所帶來的種種壓力，相對會容易許多。研究人員也發現，透過觀察一對夫妻如何成為父母，也能預測兩人在成為父母後的婚姻關係好壞。

為人父母的身分，的確會為婚姻增加新的（有時則是困難的）挑戰，但是證據顯示，這些筋疲力竭的父母（努力奮戰的夫妻們）仍然應樂觀以待，相信更好的時刻總會到來。只要接受「新生兒的加入會為婚姻帶來新挑戰」這項事實，就可以幫助你在照顧嬰兒與配偶時的注意力成功聚焦，明白應該努力的方向。對於那些努力確保孩子健康與快樂的夫妻來說，養育孩子的專門技巧也能同時防衛婚姻的健康與快樂。

家庭結構的改變

婚姻裡有小孩是天經地義的事，不僅提供社會穩定關係，在其中繁衍、養育後代也確保基因得以延續。在許多文化裡，婚姻的形成只有一個目的，就是繁衍後代，以至於膝下無子就足以構成自動離婚的條件。在某些社會裡，則傾向先有身孕再成婚，以便確保這是樁「可以成功繁衍後代的好婚姻」。

我們的父母、祖父母那一輩，滿心認定孩子的養育會主宰他們的生活方式和關係，相較於時下的夫妻則有不同主張。羅格斯大學的學者華賀（Barbara Dafoe Whitehead）指出，現代人的婚姻不再「以孩子為中心」。根據總部設在華盛頓的佩尤研究中心（Washington-based Pew Research Center）所做的調查結果，一九九〇年有六五%的美國人認為孩子是婚姻幸福的重要因素，但在二〇〇七年同意這樣說法的成年人只剩下四〇%。

不再以孩子為中心的現象，可以從許多方面看出。一九六〇年，七一%的已婚女性在婚後三年內就有了第一個孩子；一九九〇年，只有三七%的女性在這麼短的時間內生小孩。一九七〇年代，有將近七五%的女性在二十多、近三十歲的時候當了母親；但是在二〇〇〇年，同樣的年齡層只有不到一半的女性開始養兒育女。

生育率的變化舉世皆然。新美國基金會（New America Foundation）的資深研究人員隆門（Phillip Longman）說：「目前囊括全世界總人口數將近四四%的五十九個國家，還沒有生育足夠數量的孩子可以避免人口數的減少。這個現象持續在擴散中。根據聯合國最新資料預估，二〇四五年全世界的總體生育率將會下降至難以彌補的程度。」

因為現代女性所擁有的孩子不多，代表夫妻可以早一點結束養育孩子的責任。也就是說，假設你的父母在十年內相繼有四個孩子，最後一個孩子在十八歲的時候離家獨立，那麼他們就得耗時婚姻裡的二十八年來撫養孩子。如今你跟配偶決定只要兩個孩子，如果兩個孩子只是相差幾歲，那麼你們家在二十年後就會進入空巢期了。跟父母互相比較，你的婚姻幾乎會多出將近十年的時間沒有小孩。由於研究數據顯示人類的預期壽命會不斷延長，因此時下夫妻可以享受更長的生命，然而扮演父母角色的時間卻縮短了。意思是說，現代的成年人養育孩子的時間愈來愈少，「做自己」的時間也比父親那一輩更多。

隱身在這些現象背後的原因既多又複雜，所反映出來的事實是，時下夫妻的婚姻，跟父母、祖父母那一輩以「孩子為中心」的關係有很大的差異。導致情況更複雜的因素還包括，時下夫妻對婚姻抱持著「較高」的期望。在調查過程中研究人員會詢問夫妻，他們認為婚姻關係裡最重要的是什麼。結果，「配偶的支持」及「友誼」兩項名列前茅，遠遠超出「養兒育女」。

現代人對於「靈魂伴侶式的婚姻」懷有高度嚮往，更要花費時間和心思去維護每個細節。在撫養孩子的歲月裡，這樣的高標準婚姻特別容易顯得脆弱不堪。華賀說：「如同照顧襁褓中的嬰兒，『靈魂伴侶式的婚姻』也必須不斷的滋養呵護，才能茁壯。然而當真實的嬰兒出世後，夫妻關係裡的大部分養分都會轉移到嬰兒的身上，因此對於那些期待孩子出世後，仍然想獲得配偶同等關注和時間分配的夫妻來說，勢必會感到威脅。這並非表示在撫育孩子期間夫妻理所當然會忽略對方，而是應當做好心理準備。如果這個時候仍然期待相同質量的親密關係，可能會導致失望，甚至引發寂寞、充滿怨懟，以及被忽略的感覺。」

告別兩人世界

為了比較兩人世界與撫育孩子期間的差異，由聖地牙哥大學心理學教授崔均（Jean Twenge）帶領的研究團隊，檢視了一百四十八份有關婚姻與孩子的研究報告。這些研究可以追溯到一九五〇年代，他們發現在一九九〇年代和二〇〇〇年代初期當上父母的人，感受婚姻不幸福的程度是一九六〇年代和一九七〇年代的兩倍。對此，有許多不同解釋。時下許多夫妻的住所，與原生家庭之間的距離都不近，無法獲得來自父母或兄弟姊妹的即時援助，因此增加了孩子出世後所引發的壓力和不幸福感。也可能是「靈魂伴侶式的婚姻」再度回來作祟；相較於老一輩的婚姻，時下夫妻對婚姻有更高的期望。正因為這份珍惜和期望，一旦孩子出世，跟配偶相處時間減少的損失就會引起更強烈的感受。

對每位新手媽媽來說，「嬰兒期是最具挑戰的階段」的研究結果一點也不假。研究結果指出，母親在育嬰期間會感覺婚姻非常不快樂，並且也只有三八%的新手媽媽感覺婚姻幸福。確實，第一個孩子的出世很容易讓夫妻關係變得薄弱。婚姻研究人員葛曼（John Gottman）花了十三年的時間追蹤一百三十名新生兒的家庭，他發現在幼兒三歲前有六七%的父母反映，婚姻要比孩子未出世前來得不快樂，並且新手父母的吵架次數也比沒有孩子的夫妻多出八倍。

來自范德堡和佛羅里達州立大學的研究人員，也提出了另一個婚姻幸福與否的指標：沮喪。一項針對美國一萬三千名成人進行的調查結果指出，為人父母者要比沒有孩子的人容易沮喪。這是「美國家庭與住戶調查」（National Survey of Families and Households）在一九八七和一九八八年所進行的調查，其中四分之一的受訪者沒有孩子。所有資料都一再確認了為人父母早就已經知道的事：養育孩子絕對是個挑戰重重的困難任務。如同喜劇演員巴爾（Roseanne Barr）的玩笑話：「當丈夫下班回到家，如果孩子們還活著，我就知道今天的工作算是完成了。」

更忙、更窮、更少性生活

孩子的出世明白挑戰了夫妻閨房生活，帶出許多日常生活的麻煩事，例如財務壓力、更多家事，以及跟配偶相處的時間變少等，都是影響婚姻幸福的壓力來源。

還記得閨房情趣嗎？你會發現有了孩子後，行房次數勢必不若期望中的頻繁，而且你也絕不是唯一有這種感覺的人。許多以婚姻健康為主題的的研究人員，調查記錄了夫妻成為父母後的行房次數，以及性慾衰退的現象和原因。根據一九八四年所做研究結果顯示，受訪女性中有半數在產後七週才恢復性生活。另一項研究結果發現，孩子出生一個月後，大多數的夫妻才敢進入臥房（而且還不是為了性的緣故）。這份研究中指出，夫妻恢復性生活的時間平均是產後七週又兩天。然而，其中的差異也頗為懸殊：一九％的夫妻在產後很快就恢復性生活，一九％的夫妻則是過了產後四個月（甚至更久）才恢復性生活，還有一〇％的夫妻直到孩子滿週歲了還沒有重拾性生活。

這份研究有個重大發現：以母乳餵哺嬰兒，可以取代夫妻的性生活。因為女性在分泌乳汁時會抑制雌激素分泌，導致陰道不夠潤滑而造成性交時的疼痛和不舒服。同時，也會影響催乳激素上升、黃體激素下降，而抑制女性的性慾。研究人員表示，男女雙方都必須明白母乳餵哺所造成的女性荷爾蒙反應，才不會誤以為性生活貧乏是雙方關係出問題。性慾缺乏是正常的現象，需要一段時間來恢復，也一定會回復正常的。此外，由於母親在孩子出世後肩負了必須隨時醒來和餵哺的責任感，所以當餵哺母乳的母親說自己太累不想行房時，請不要懷疑，那的確是事實。

另一個更為複雜的原因則是，女性可以藉由餵哺寶寶的動作，來獲得讓自己感覺愉悅的催產素。這是一種擁抱荷爾蒙，事實上跟女性行房達到高潮時所體會到的荷爾蒙影響一模一樣。也就是說，母親在哺乳、與嬰兒互動的同時，獲得了很多愉悅和親密的感受，因而可能導致性慾降低。

該研究的主持人拜德（Janis E. Byrd）及同事表示：「由於有些母親藉由哺乳達到身心滿足，因此也就降低了想跟伴侶親密接觸的興趣。相對的，父親沒有從嬰兒這裡獲得同樣的感覺，因此繼續向興趣缺缺的另一半需索性滿足。於是，以母乳餵哺嬰兒的女性普遍反映性生活不協調，而以奶粉餵哺嬰兒的女性的反映則好得多。」寶寶出生一個月後，有將近三分之一以配方奶餵哺嬰兒的女性恢復了性生活，而以母乳餵哺嬰兒的女性只有一五％有性生活，而且頻頻反映自己還是沒什麼性慾。

沒有意外的，孩子出生後對夫妻性生活的影響，男女之間有很大的差異。葛曼機構（Gottman Institute）追蹤了孩子出生三年（或更短時間）的夫妻，想了解他們的性生活態度。平均而言，女性大約每週有一次性慾，男性則是大約每天有一次；女性希望一兩週做愛一次，男性則期待每週能做愛三到四次。相較於男性，為人母者通常覺得自己不性感，若以五分為滿分做計算，詢問男女雙方的性需求程度，男性通常覺得自己充滿性慾的平均得分為四．二五分，女性的平均得分為二．九五分，分數遠遠落後男性。為何差異如此明顯？這已經不單是生物學的問題了。對那些因為孩子出世而在性生活上受挫的夫妻來說，知道「另一半不想行房，不全是因為你的關係」的原因後會鬆了一口氣，原來男女的演化進程可是相差了百萬年呢！

羅格斯大學人類學家費雪，研究浪漫愛情對人類大腦迴路的影響，她相信大腦神經迴路要為「女性產後夫妻床笫關係不同調」的現象負責。確實，進化論可以解釋夫妻之間的激情為何在孩子出世後即告消退，因為如果女性比較熱中的是跟丈夫進行閨房之樂（而不是照顧孩子），她就會設法延後養育孩子的時間。

費雪博士說道：「如果你想不斷滋養跟另一半之間的濃烈愛情，很有可能就會忽略小孩。從達爾文的演化角度來看，如果母親不在那裡看顧孩子，孩子可是會被獅子給吃掉的。」我們的大腦已經演化到某種程度，可以確保女性不會忽視自己的孩子。如同前面所述，當母親抱著孩子時催產素會直線上升，那種濃烈的親密感把母親跟孩子連結起來，同時讓引起性慾的荷爾蒙減少分泌。她表示：「母親不只是因為過於疲累而隨便找藉口，她是真的被下藥了。父母雙方都在跟基本的演化機制抗爭，然而這樣的演化過程是在強化母親／孩子和教養之間的連結，而非性慾。」

費雪博士還提到：「孩子出世後，儘管大腦裡的化學作用可能持續阻撓性生活，夫妻彼此仍然有能力進行其他化學作用，讓兩人再度連結。她建議，不管有無性慾都要行房、頻繁的行房。因為任何的性愛刺激都會提高身體裡的多巴胺，以及其他讓我們感覺良好的化學作用，這些都會幫助夫妻在孩子出世後再度親密。」她直言：「如果你要跟伴侶開始有活躍的性生活，不必等待性慾高漲才進臥房，而是直接走進臥房去！」

出人意外的，許多婚姻專家提倡「閃電式性愛」（quickie sex），好讓性生活持續不斷。理由是因為教養責任和工作壓力的加總，以及缺乏浪漫等因素，反而會使「高品質性愛」（gourmet sex）較不具吸引力。儘管「閃電式性愛」不是科學用語，但基本概念的確是架構在身體的科學知識上。費雪博士指出，不管性愛過程長短，都能夠釋放性愛引出的所有感覺良好化學作用。她建議，何不把性愛當成運動，即使是在不想做運動的時候，我們還是會乖乖照做，因為這對我們有益。

經濟上的沉重負擔

孩子的花費，超乎我們的想像。一份美國官方報告指出，對年收入五萬七千四百美元的家庭來說，把孩子養大到十七歲的全部花費高達約二十萬三千七百美元（包括食物、衣服、房子及教育等方面）。羅格斯大學的華賀博士將此稱為「金錢衝擊」（money shock）。

華賀博士說：「對正當健壯的成年人而言，養育、管教和規劃孩子未來的任務，要比以往付出更多的時間、金錢和心力。」而且這些費用還不包括運動、音樂課程、露營等其他額外支出（像是醫療費用，或是特殊需求的花費）。對女性來說，養育孩子的代價還包括收入的損失，因為她們可能為了照顧孩子而離開職場。曾經出版《空蕩的搖籃》（Empty Cradle）一書的專欄作家隆門說：「每生一個孩子，會讓母親減少大約五到九%的薪水收入。」

華賀博士寫道：「因此，對現代的父母來說，養育孩子的代價意味著更多的債務、更少的退休金、更大的經濟風險和不確定性。如果夫妻在乎的是婚姻的美滿，與其過著舒適奢華的生活而沒有孩子，他們反而會迫切希望養兒育女。」

心理學教授崔均博士審視了一百四十八份有關婚姻的研究，也發現在孩子出世後的夫妻收入會影響婚姻美滿與否。令人驚訝的是，收入較高的夫妻在孩子出世後面對金錢上的掙扎，反而要比中產階級的夫妻來得更為明顯。在富裕夫妻當中，有二二%感覺婚姻幸福度下降，只有七%的中產階級夫妻有同樣感受。

崔均博士指出，與中產階級夫妻相比，即使富裕夫妻較有能力支付各項教養費用，他們在孩子出世後會更明顯感覺到生活方式的改變。擁有較多的錢表示夫妻可以去旅遊、有活躍的社交、到高級餐廳用餐、享受各種運動和其他嗜好，一旦有了孩子，生活上的所有愉悅便戛然而止。富裕夫妻可能更容易感受到生活上的劇變，以及彼此互動方式的改變。她認為，原有生活方式的損失「很容易為婚姻帶來壓力」，而收入較少的夫妻反正本來就無法負擔高檔奢華的活動，所以在孩子出世後也不覺得錯過了什麼。

家事帶來的壓力

對父母而言，每個孩子都代表了額外的工作，研究結果顯示在孩子出世後，大部分的家務事都落到母親的身上，因而成為婚姻關係的新壓力來源。馬里蘭大學人口、性別和社會平等中心的調查結果顯示，孩子出世後母親增加的家務事是父親的三倍之多。

明尼蘇達州的研究員針對家務事，訪問了兩百六十一對父母，在他們懷孕到孩子出世六個月左右的期間持續做追蹤。這些父親表示，有了孩子以後，家務事的工作量多了三七％。這是個很驚人的數據，顯然情況對母親來說又更糟糕，因為這些母親表示，在當了六個月的母親後，家務事也增加了六四％。值得注意的是，對於那些夫妻雙方都擁有全職工作的父母來說，孩子出世後母親每週工作時間平均少了十一小時，而父親只不過少了「十二分鐘」！

家務事分配不均經常引起夫妻之間的衝突，足以解釋為何孩子出世後夫妻的婚姻幸福感有明顯下滑趨勢。想解決問題，建議最好能採取平等平權的原則來分配工作量，只不過相信每個人都會同意「說起來簡單，做起來不易」。

付出更多時間陪伴孩子

為人父母者都知道，孩子會花掉他們許多時間。調查結果顯示，現代的父母花在孩子身上的時間，遠比前幾個世代的父母多出許多。

馬里蘭大學的社會學家畢昂奇（Suzanne Bianchi）、羅賓森（John Robinson）和麥奇（Melissa Milkie），將一九六五到二〇〇〇年父母花在教養孩子的時間進行比較。欣慰的是，如今父親陪伴孩子的時間，比一九六五年的父親多兩倍。雖然時下的母親比起一九六〇年代的母親在職場上耗費更多心神，然而讓人驚訝的是，她們陪伴孩子的時間也增加了二〇％。種種結果都顯示，我們耗費了很多額外的時間在孩子身上。此外，密西根大學的森博（John Sandberg）和霍佛斯（Sandra Hofferth）也做了另一份研究，比較一九八一和一九九七兩年父母在孩子身上的時間後發現，一九九七年雙親家庭的孩子每星期跟母親的相處時間比一九八一年多出六小時，而跟父親相處的時間則是多出了四小時。

現代的父母究竟從哪裡找出這些時間來陪伴小孩呢？有些父母會花錢請人做家務事，有些父母則是會把家務事的標準放寬，不再堅持家裡環境非得窗明几淨不可。多管齊下的結果，使得現代父母可以節省許多時間。然而，為了要找出時間陪伴孩子，許多父母也不得不減少原本屬於自己的活動，例如與另一半、朋友或家人的相處，以及追尋個人成就的時間。根據俄亥俄州一項調查結果顯示，夫妻在孩子出世後的獨處時間，比沒有孩子的時候少了三分之二。

儘管跟孩子相處的時間美妙又珍貴，為人父母還是必須決定怎麼做對家庭生活最好。多花時間跟孩子在一起是讓人開心的，但如果因此犧牲夫妻的婚姻關係可就不值得了。快樂美滿的婚姻對孩子總是好的、正面的。研究結果也顯示，比起陷在不愉快婚姻而倍感壓力的父母，婚姻關係美滿的父母也相對稱職。

研究人員葛林斯基（Ellen Galinsky）訪問了一千多位八到十八歲的孩子，她發現多數孩子並不希望跟父母相處那麼長的時間，跟父母原本的想像大有出入。葛林斯基在調查中問了孩子「一個願望」的問題：「如果你能許一個願望，並且這個願望一定會成真，可以改變你的母親或父親，你會許什麼願望？」將近六成的父母相信，孩子必定會希望他們能有更多時間陪伴他們，結果孩子竟然許了不一樣的願望，希望父母不要老是這麼緊張、老是表現出一副筋疲力竭的樣子。

夫妻失和，全是孩子的錯？

多數有關孩子跟婚姻幸福的研究結果都顯示，第一個孩子出世後的婚姻幸福程度就直線下滑，直到孩子進入青少年時期甚至搬出去獨立，曲線才再度往上回升。

楊百翰大學的教授米勒（Richard B. Miller）記下他一個學生提出的問題：「如果孩子會把生活搞得一團混亂，為什麼夫妻還會想生小孩呢？」米勒博士相信，養育／婚姻的研究數據把婚姻關係的不和睦都歸咎到孩子身上，很顯然是偏頗了。他指出，婚姻關係如雲霄飛車路徑般的曲線變化，是由夫妻關係「非常快樂」、「快樂」、「不快樂」和「很不快樂」的組合，而最終的數據則是把這些數字平均之後的結果。U形圖顯示，孩子出世之後、婚姻關係有往下墜的情形，但這並不表示每對夫妻的關係都很糟糕。米勒也指出，數據同時顯示有些夫妻當上父母後的彼此關係依舊和睦（在平均值以上），甚至更為滿意。

米勒博士寫道：「儘管U形曲線表示了許多夫妻關係的平均走向，但不代表每對夫妻一定會經歷同樣的起落。研究結果顯示，基本上婚姻的滿意度是隨生活階段呈現穩定的狀態，頂多只是微幅變化。父母養育孩子的責任（特別是在婚姻的前幾年）並不是造成婚姻狀況出現負面關係的主要原因。」

很明確的，孩子是婚姻關係緊張的來源之一，卻不是婚姻出問題的唯一或最主要因素。米勒博士認為，像是工作、金錢、來自原生家庭的幫助，以及生理和情緒的變化等跟育兒沒有直接關係的因素，都會影響婚姻幸福與否。只不過許多以孩子和婚姻作為主題的研究，並沒有考慮上述因素的差異。他同時指出，「婚姻關係從適度到平緩，是會隨著時間而改變的。」他對孩子出世後呈現的婚姻關係下降趨勢表示：「比較像是馬路上的小水窪，而不是大坑洞。」

不過，這個水窪到底有多大呢？我們就來比較看看，有孩子跟沒孩子的夫妻關係狀況。對任何夫妻來說，婚姻有時候不可避免的會陷入低潮。研究結果也顯示，所有夫妻在婚姻初期都會經歷滿意度下降的階段，因為他們想要將戀愛時的種種憧憬實現在日常生活。那麼，孩子對婚姻美滿程度的影響到底有多大？

崔均博士在一九五〇年期間所做的一百四十八樁婚姻研究中發現，儘管夫妻普遍反映孩子出世後婚姻美滿程度下降，但是沒有孩子的夫妻同樣也會因為其他原因而使婚姻滿意度下降。不管有沒有孩子，每段婚姻都有高低起伏。數據顯示有孩子的夫妻婚姻幸福程度，平均只比沒小孩的夫妻少了一〇％。

仔細想想，這代表什麼意思。從零到一百的天平上，你會怎麼評估孩子出生前的婚姻滿意度？如果你打了九十分，那麼擁有孩子表示你的分數可能會被往下拉到八十一分。如果你的婚姻有點小狀況（分數也許是七十），那麼孩子會把你的婚姻滿意度往下拉到六十三分。撫養小孩確實會對婚姻帶來挑戰，但是這些挑戰究竟帶來多少影響，還是得看婚姻本身的堅實程度，而非只根據有沒有孩子來決定。

每個參與相關研究的人都同意，綜觀生活幸福與否，其實是很多因素綜合起來所產生的影響，包括家人、孩子、婚姻、工作、健康、理財與壓力等。研究結果指出，孩子出世後婚姻幸福感就呈現下降趨勢的同時，整體的生活幸福感其實是沒有變化的。這表示，孩子或許會從你的婚姻中偷走一些幸福的感覺，卻同時也在其他方面提供了快樂，使得整體的幸福程度仍然可以維持，甚至改善不少。整體來說，有孩子跟沒有孩子的夫妻所感受到的快樂是同等的。調查中人們被問到個人最重要的成就是什麼（包括婚姻、家庭、工作等），排名在最前面的答案是孩子。

崔均博士特別強調，我們研究的是「婚姻」的滿意程度，而非「整體生活」的滿意程度，並且想傳達的訊息是「不要為了改善婚姻而生小孩」，而非「不要生小孩」。人們應該了解，生養小孩這件事並不簡單，必須事先做好準備。

至於要怎麼做準備呢？研究人員已經確認了許多可行的方法，讓你跟伴侶在共同應對生兒育女壓力的同時，也能兼顧婚姻美滿。

兼顧孩子與婚姻

寇文夫婦（Philip and Carolyn Cowan）將學術生涯都奉獻在「婚姻與家庭」的研究，特別是從夫妻轉變為父母身分時對婚姻關係的影響。他們對此題目的專業興趣，源自於自身成為新手爸媽的經驗和挑戰。一九五〇年代，還是青少年的菲立普和凱洛琳相遇了，就跟那一代的許多人一樣，他們很早就結婚走進家庭：那一年凱洛琳十九歲，菲立普則是二十一歲。結婚沒幾年，三個孩子中的老大就報到了。當凱洛琳懷第二胎時，全家搬離了有親朋好友的加拿大，藉此方便菲立普來到柏克萊加州大學任教。

孩子、工作轉換、搬家，讓這對年輕夫妻經歷了不少事，直到孩子上小學，兩人的關係也緊繃到了極點。當他們發現周遭不少親友（許多人甚至已經結婚十年、十五年）不是準備分居，就是正要離婚的時候，真的被嚇到了。凱洛琳說：「對於自己不是唯一在婚姻中掙扎苦撐的『事實』，我們感到非常驚訝。」於是，這對夫妻聚焦問題開始修補彼此的關係，一點一滴把已經失去的親密感找回來。擁有心理學背景的兩人，因此對婚姻的相關議題漸生研究興趣，好奇自己是否可以做些什麼幫助新手父母，適應因為孩子而來的種種戲劇性改變。

在當時，生產課程蔚成風潮。準父母會花上六到八週的時間，學習懷孕期間應該知道的所有事情，以及生產時的注意事項。一對夫妻花上好幾個星期的時間準備，就只是為了迎接孩子出世的那一天，然後在接下來的十八年，他們幾乎得單打獨鬥撫育孩子。寇文夫婦不禁自省，應該也要提供孩子出世後的教養建議才對吧？因為這樣，才有接續這份重要的十年研究「一家人專案」（Becoming a Family Project）。寇文夫婦針對九十六對夫妻進行研究，一路記錄他們從懷孕到孩子上幼稚園的不同階段婚姻關係。重要的發現包括：

一、當上父母的方式不同，結果也不同：有些夫妻會做計畫（包括生子、討論未來成為父母的角色、如何分配照顧小孩、做家事，以及工作機會等），有些夫妻也許因為無法在「此時是不是建立家庭的好時機」上取得共識，而會採取「船到橋頭自然直」的策略。

在「一家人專案」中，那些存在矛盾心態、彼此不同調，或是凡事順其自然的夫妻，婚後不幸福的機率非常高，甚至成為離婚的高風險群。相反的，對於有計畫生育、期待成為父母的夫妻來說，維持婚姻幸福的機率不僅相當高，也能享受家中新增成員的感覺。如果你已經有孩子，不妨試著回想當初的決定，以及夫妻雙方是否同心支持該決定，作為檢視目前婚姻關係的線索。如果還沒有孩子，最好先確定你跟另一半是否都有心成為父母，倘若只有單方滿心期待，那麼未來迎接你們的很可能就是重重困難，彼此關係可能抵不住新角色的挑戰而瀕臨崩壞。

二、試著打破性別角色的藩籬：孩子出世後，通常是母親的家務事工作量增加，工作時數甚至必須削減。相對的，男性的家務事工作量僅微幅增加，工作時間維持不變，甚至還要更多。妻子抱怨丈夫太少參與，而丈夫因為長時間工作、錯過與家人相處，同樣也會感覺不安。不管是哪一種關係，要打破性別角色的藩籬並不容易，不過當你成為父母後這件事就更重要了。父親要體認自己的角色不只是提供經濟的支助，同時母親也要交出一些權利，讓父親有更多機會參與日常教養工作。

有項關於父親角色的研究，由美國加州社會局兒童防虐辦公室贊助，希望看出妻子對父親在家裡的角色有何影響。研究中，低收入戶夫妻為對照組，被隨機安置在三組其中的一組，只接受一場相關資訊的講座說明會。另外兩組則為實驗組（一組全由父親所組成，另一組則由夫妻共同參與），接受十六週育兒諮詢課程。研究結果發現，兩個實驗組的父親會花較多時間和孩子相處、幫忙更多家事，和孩子的互動也較為密切，相較於對照組孩子出現的行為問題也少很多。

要注意的是，表現最好的，還是那些和妻子一起參與諮詢課程的父親。同樣為人父母，他們的壓力較少，婚姻幸福程度也較高。這個研究告訴我們，要求父親經常與孩子互動、多分擔家務事的同時，妻子的支持和鼓勵更是重要關鍵。

或許很多人會想，做妻子的當然應該支持先生照顧家裡的事情。然而研究結果卻顯示，不必然總是如此。許多母親根本不願釋出一點點權利，總是把教養壓力全攬在自己肩上，然後又回頭抱怨丈夫不幫忙。一旦丈夫真的插手，她們又習慣用放大鏡來檢查他們幫寶寶洗澡或換尿布的方式……，這些都會打擊先生的信心和動機。

還記得電視劇〈十口之家〉（Jon & Kate Plus 8）嗎？劇中，我們多麼頻繁的看見凱特常常碎碎唸著先生，只不過是因為他讓孩子們穿著漂亮衣服玩耍，或是讓孩子把鞋子穿反了。我認識的每一位母親多少都會陷入這種挫折感，而每一位父親也都曾經因此感到沮喪和無力。有多少母親一發現丈夫在跟孩子玩電動遊戲時厲聲指責父親？其實，並不是在家不可以玩電動遊戲，畢竟家裡本來就擺放了可以玩遊戲的主機，或許母親比較希望看見孩子唸書或到戶外玩耍。然而如果因為教養方式跟自己不一樣便責怪丈夫，這樣公平嗎？

三、與其他父母討論教養和婚姻的壓力：定期分享（包括抱怨、發牢騷或哭訴）是很重要的，這會讓夫妻在教養孩子的合作上變得容易，同時紓發壓力。在「一家人專案」的研究中，如果能早在孩子出世五個月內立即開始進行團體諮商討論，那麼對於夫妻穩定關係的維持有長效的正面影響。那些在懷孕後期三個月即參加團體諮商、持續到孩子出世後幾個月的夫妻，比那些沒有參加諮商的夫妻，當孩子讀幼稚園時仍然有很大的比率還維持著他們的婚姻。甚至在孩子進了高中，那些先前的諮商都還發揮著保衛婚姻的功能。新手父母不應該孤立自己，反而必須尋求其他人的陪伴支持。這些苦戰是普遍存在的，並非全然是婚姻關係中某個特定問題所產生的結果。不要低估宣洩壓力的重要性，你的另一半已經知道其中的辛苦，關在家裡抱怨只會增添額外的壓力。與其他夫妻聊聊，有助於緩和緊張與挫折感。

幾乎毫無例外的，新手父母會把全部的注意力放在孩子身上，而忘了留時間給配偶。相關研究得出的最重要發現之一是，婚姻關係最成功的夫妻會保留充分時間給對方，不會把心力全都放在教養上。寇文夫婦指出，跟另一半相處並不需要投入很長的時間，只要關心對方的現況，就能讓許多夫妻感覺很不一樣。簡單問候另一半「你好不好啊？」就有很大助益，不要等到出門前或帶孩子就寢時才問，而是特別撥出十分鐘的時間傾聽對方說話。這或許沒什麼了不起，但是在紛擾和忙碌的生活裡（尤其是家裡有嬰兒的時候），這些短暫時刻可以讓自己和對方產生連結，確保兩人的關係依舊親密，或是再試圖恢復親密。

寇文夫婦指出，真正關心、在乎孩子的父母，會犧牲一些與孩子的相處時間，跟伴侶相處。研究結果顯示，這些決定能為你帶來額外收穫。那些在學業成績表現突出、社交適應能力良好的孩子，正是來自父母婚姻美滿的家庭。因此，把時間花在配偶身上是你能為家庭做的最好事情之一。

四、孩子上學後就好多了：許多研究結果指出，孩子出生三到五年時的教養任務和婚姻關係可以暫時和緩。瑞典一份主要研究追蹤記錄了五十萬名女性，其中有八萬名離婚。這項調查研究的目的，是要觀察原生子女和繼生子女的組合變化，對夫妻離婚率有多大的影響力。綜觀來說，當最後一名子女三歲時，夫妻離婚的可能性就會降低。不過對某些夫妻來說，要等到孩子六歲左右，離婚的可能性才會降低。

其他關於夫妻和性生活的研究結果顯示，新手父母的親密關係「中斷」，多數都持續了大約三年的時間。受訪夫妻表示，當孩子到了上學的年紀（或是更大一些），婚姻幸福感會往上提升許多。某些研究結果則有不同的發現，指出婚姻的幸福程度通常要到孩子離家之後才會往上反彈結果，並且認同孩子三歲以後許多夫妻確實比較容易兼顧教養和婚姻。這時候，孩子終於脫掉了尿布、可以自己進食，尤其在上學後，生活也變得容易許多。這並不代表孩子上學後生活便從此一帆風順。研究數據顯示，青少年會在夫妻婚姻關係裡掀起另一波的壓力和緊張。對擁有青少年子女的父母來說，都必須經歷在工作和孩子兩者之間疲於奔命的階段，不論是練球、課業討論、合唱排練等，更別提還有交友、課業等問題。

五、深入理解空巢期：一個接著一個的研究告訴我們，家裡出現第一個孩子後，婚姻的幸福程度便會往下降，直到最後一個孩子離家獨立後，幸福感才會再提升。是什麼原因讓空蕩蕩的房子變成快樂的地方？如果家裡還有孩子，我們能做些什麼來舒緩為人父母角色的壓力？

一般來說，處於空巢期的父母都會想念出外唸大學、工作或結婚的子女。另一方面，儘管屋子冷清些，他們也會感覺更多自由，以及卸下責任後的輕鬆感。柏克萊大學成人關係專家柯契夫（Sara Melissa Corchoff）說：「這並不表示他們的生活很可憐。父母跟孩子在一起的時候很快樂，只是當孩子離家後，婚姻會變得更好。」

許多相關研究都集中在婚姻的早期。為了解時間對婚姻的整體影響，柏克萊的研究團隊針對參與「米爾斯縱度研究」（Mills Longitudinal Study）的七十二名女性，找出她們的婚姻幸福程度。這份研究持續五十年追蹤某大學的女性校友，查訪四十多歲、家裡還有小孩的女性，以及小孩已經離家的五十歲出頭女性，和孩子已經全部離家的六十歲女性。不管在哪個分析項目，空巢期女性在婚姻美滿程度上的分數都比家中還有孩子的女性來得高。美國心理學學會曾經追蹤訪問十二對出席孩子高中畢業典禮的家長，以及他們十年後的情況。這份小小的研究結果也顯示，多數夫妻在孩子離家後的婚姻滿意度都提高許多。

研究人員假設這些夫妻對婚姻滿意度的改善是因為他們有較多相處時間，結果讓他們驚訝的是，不管孩子在家或離家，她們跟另一半的相處時間毫無二致。也就是說，夫妻進入空巢期後並未增加相處時間，真正改變夫妻感情的因素，是相處的「品質」變好了。柯契夫博士說：「當孩子離家後，夫妻說話不再被打斷，壓力也小多了。孩子離家沒有因此為他們增加相處時間，然而相處品質卻大大提升了。」

這對家裡尚有孩子的夫妻來說是個好消息，意味著你們不必額外找時間相處，而是要好好善用在一起的每一分鐘。柯契夫博士表示，空巢期帶給夫妻的功課是：想出讓彼此「沒有壓力」的相處時間。他解釋：「孩子並不會破壞父母的關係，只是會讓夫妻之間的愉快互動變得更為困難而已。」這些相關調查的結果一致指出：照顧好孩子的最佳方式，就是照顧好自己的婚姻。

這個原則簡單到有點令人不敢置信，但要真正執行還真不容易。尤其是碰上家裡有個哭泣的嬰兒，抑或其中一個孩子要參加足球比賽卻偏偏撞期另一個孩子的舞蹈發表會。的確，沒有任何方法可以粉飾孩子為婚姻的健康和幸福所帶來的「大挑戰」，總有那麼些時候，婚姻關係就是會被忽略。妻子一定有感受到丈夫未善盡照顧孩子責任的時刻，丈夫也會有被妻子用放大鏡檢視的沮喪感。

但是你只要明白一件事，就是自己並不孤單，因為每對夫妻同樣也在兼顧教養任務和婚姻幸福的路上奮戰著。我認識的一位新手父親曾經告訴我，當他的第一個孩子出世時，剛好也是他跟妻子關係非常緊張的時候。於是，我們跟他談了很多關於孩子與婚姻幸福的相關研究資料與數據，同時也證實了他的自身經驗。結果，他沒有因為壞消息而感到沮喪，反而鬆了一口氣，他說：「光是聽到這些挫折會發生在任何人的身上，就已經大大的安慰我了。」也就是說，這不表示第一個孩子出世後，我們不再對婚姻有所期待或就此投降，聰明的夫妻會盡最大努力抽出許多零碎小時間，彼此說說話、笑一笑，甚至是哭一場，善用相處時間讓夫妻在混亂生活仍然保持連結。當然，也要儘量製造單獨相處的時間。

當所有努力都失敗時，請記住，情況一定會變好的，只是時間早晚而已。

9

家事戰爭

心理學家卜洛澤（Joyce Brothers）：「婚姻不只是精神的結合，還得記住要去倒垃圾。」

最近朋友跟妻子鬧得不太愉快，卻不曉得究竟為了什麼。於是趁著週末假日，他特別賣力的把家裡好好打掃整理。

週末晚上，他得意的跟妻子說：「你有注意到我幫忙洗了碗盤嗎？」妻子露出一副不可置信的表情。她是三個孩子的母親，也是社區的志工，平常週間很少見到先生。不過到了第二天，做丈夫的他還是搞不清楚，妻子究竟是為了什麼不高興。

根據多年來我與夫妻、婚姻研究人員，以及女性朋友的對話經驗，答案應該八九不離十。我問他：「你明明是在打掃自己也住在裡頭的房子，為什麼要說是在『幫忙』呢？」他恍然大悟，提醒自己當天晚上要告訴妻子有多麼感謝她。

其實這種小問題並不嚴重，但是每天都有夫妻為了家務事爭吵，舉凡洗碗、洗衣、洗廁所，甚至是撿起掉到地上的紙屑等，都是最常見的夫妻衝突來源。家務事是天天都得做的生活瑣事，卻為婚姻帶來戲劇性影響。

許多夫妻都表示，平等分擔家務事是快樂婚姻的必要核心。根據佩尤研究中心在二〇〇七年所做的調查結果顯示，多數人認為平等分擔家務事比生小孩更能維持婚姻幸福。根據美國兩千零二十名全國成年人隨機取樣訪問結果，就有六二％的受訪者認為分擔家務事對婚姻「非常重要」，比一九九〇年的四七％高出許多。

一九八九年，柏克萊加州大學的社會學家霍克柴德（Arlie Hochschild）在自己的《第二班》（The Second Shift）書中描述職場女性的生活。雖然性別革命把女性推出家門、投入職場，但是女性得做家事的責任幾乎沒有受到影響。當妻子上了整天班回到家後，還得接著上「晚班」，處理大小家務事。霍克柴德計算這些女性花在家務事上的時間，相當於一年多上了一個月的班。

當然，在某些家庭角色是互換的，丈夫反而是負責煮飯打掃的人。研究結果顯示，一〇%的男性認為家務事的分配對他們非常不公平，相較之下則有六〇%的女性抱怨家裡多數的工作不公平（都落到她們肩上）。平均而言，女性比男性扛下更多家務事與照顧孩子的責任。即使如此，我們也不應該把「家務事分配不均」全都歸咎男性。對許多女性來說，她們在婚姻關係裡的權力來自掌控家裡的一切和孩子，然而像這樣把一切都攬在身上的習慣，反而會讓婚姻關係出現裂痕。

男女都需要好好修習「家務事」這門課，能夠解決這類問題的夫妻通常比較幸福。然而，答案不在於要求丈夫更常洗碗或洗衣，而是准許他做家事，但是不要限制他怎麼做，也不去批評他做的方式跟你不一樣。對於男性來說，解決家務事帶來的衝突，不僅有助於婚姻，也可以減少壓力、增進健康，甚至對性生活都有幫助。

所以，即刻拿起雞毛撢子、插上插頭啟動吸塵器，該是做出行動來結束「家務事戰爭」了！

家事幾乎女性一肩扛

威斯康辛大學研究人員針對「美國家庭與住戶調查結果」，進行一系列的研究後發現，家庭主婦要比外出工作的丈夫做更多的家務事，每星期大約要花三十八小時的時間做家務事，而丈夫卻只花大約十二小時的時間。

當丈夫跟妻子都要外出上班一整天時，又該怎麼辦？通常，職業婦女還是繼續承擔大部分的煮飯和打掃工作，每星期花二十八小時的時間在做這些事，相較於丈夫則是每星期花十六小時做家務事。也就是說，雙薪家庭的夫妻每星期總共得花四十四小時的時間清潔打掃家裡，其中妻子就貢獻了六四％。如果出外上班的丈夫和待在家的妻子每週總共花五十小時做家事，那麼待在家的妻子就貢獻了其中的七六％。的確，全世界的研究結果一致顯示，妻子做家務事的時間平均是先生的兩倍之多。而妻子忙於公事的時間愈多，花在家務事的時間自然也愈少，這時候丈夫就會多做一點（但也不會全部攬下）。

根據聯合國的統計數據，加拿大、澳洲及瑞典的男性做家務事的比率美國男性多，韓國和日本的男性最少做家務事，而拉脫維亞的男性則是做最多家務事。

一九六八年起，密西根大學的研究人員持續研究家庭收入的動力。他們採用一份頗具代表性的樣本，針對八千個美國家庭的經濟、健康及社交行為等項目做研究，並且將其中的「家務事」定義為「維持家庭運作相關的常規和世俗活動，像是洗衣服、洗碗盤、吸地、掃地、煮晚飯和鋪床等」。這項研究的宗旨，主要是追蹤人們婚後的生活變化。

研究結果發現，女性婚後花在家務事上的時間增加了七成，而男性婚後花在家務事上的時間則少了一二%。此外，妻子工作的時間愈長，先生做家務事的時間也就愈多。如果妻子外出工作、丈夫留在家裡，那麼情況又會如何呢？令人驚訝的是，結果並沒有因為角色互換，而使丈夫承擔大部分的家務事。儘管丈夫沒有外出工作，最後妻子還是包辦了大部分的家務事。針對「男性在家務事上的貢獻普遍要比女性少得多」的情況，學者專家提出以下各種不同解釋：

一、**大腦差異**：有些研究人員相信，男女在家務事上的代溝源自於大腦的差異。出版《他在想什麼啊？》（What Could He Be Thinking?）一書的古瑞安（Michael Gurian）指出，男性的大腦不像女性注意細節（例如顏色和材質），因此不會把家務事當作是最應該優先完成的工作，因為他們根本就沒有注意到丟在地板上的衣服，或是攤在桌上的雜誌。

對此，可以追溯到人類最早期。人類學家莫達克（George Peter Murdock）研究過好幾十個部落社會裡的勞動情況，他發現在部落社會裡，有些工作非男性莫屬（像是狩獵、捕魚、墾地和製作武器），至於煮飯、取水、編織和製作瓦罐等，則是屬於女性的工作。男性被訓練要守望大地、注意遠方的動靜，女性則要學習專注在眼前的事物細節。或許正是「能不能同時確保孩子安全」這樣的母性決定了女性應該從事的勞務，也或許是物競天擇的壓力使得男女在家務事的技巧上，出現了生物學上的差異。凡是能夠保護孩子安全、維持環境乾淨、準備和分配食物的女性，比較可能將基因遺傳給下一代，讓他們平安長大成人。

加拿大麥克馬斯特大學的科學家衛特森（Sandra Witelson）說：「智商測驗顯示女性從圖像裡挑出細節的能力比男性優秀。因此，男女的大腦差異或許可以解釋有關家務事的不同表現。或許就是這樣的差異，使得男性打開冰箱後，總是看不見放在深處的酒。這樣的推論並非毫無道理可言，女性做什麼事相對得心應手果然是有原因的。」

當然，原則總有例外。很多男性把自己打理得整齊乾淨，而妻子卻邋遢不修邊幅。況且男女的大腦結構差異，並不足以構成讓男性卸下「維持家庭環境整潔工作」的理由。我們只是提出一個生物學上的差異，來解釋何以男性從不覺得整理家裡環境是優先應該要做的事情，而女性卻恰恰相反。

二、文化規範：男女都會把因性別而區分的勞動事物，強化在自己的孩子身上。研究結果顯示，當孩子還小的時候，所做的家務事項目並沒有不同。女孩可能跟男孩一樣，被父母叫去餵家裡的狗，而男孩也可以跟女孩一樣，在廚房裡幫忙母親。然而，等到孩子進入青春期後事情就有了變化。青少女做的家務事大約是青少年的兩倍，並且大都是煮飯、打掃這類例行工作，而青少年做的大都是偶一為之的戶外工作，例如在院子裡除草。研究人員指出，母親很容易藉由規範孩子專注在自己性別的家務事角色，而強化了男女性別的刻板印象，忘卻這正是自己頻頻抱怨不公平的現象。這也可以用來解釋，為什麼男性在做某些家務事（例如煮飯和洗衣）的時候總會自覺無能，因為他的父母並沒有給他機會從小就做這些事。

聖地牙哥大學專精女性研究的羅斯布倫（Esther D. Rothblum）這麼說：「女性在幫忙洗衣和煮飯這些方面被訓練得較優秀。妻子期待丈夫分擔家務事，等於在打一場艱困的戰爭，因為他們很可能在成長過程從來沒有機會參與，或者不過只是做些倒垃圾的小事就被大大誇讚。」

三、重新定義家務事：女性做了比較多的家務事已是不爭的事實。然而這些研究調查結果，普遍都有的問題就是：經常聚焦在以女性價值觀所認定的項目（像是煮飯、打掃、餵小孩吃飯，以及幫小孩洗澡）。照這個標準來看，男性真正對家裡有貢獻的時間就可能被曲解了。例如，男性可能把身為父親角色的責任花在支付家庭開銷的帳單，而不是去洗衣服，抑或可能利用午休時間去做些雜事（像是幫小孩拿科學作業要用到的大紙板、去換車子的機油）。儘管他沒有幫孩子準備便當，卻把晚上的時間拿來跟孩子相處、唸書給他們聽，或是一起打電動。然而，許多與家務事分配相關的調查卻沒有把「跟孩子相處」的時間列入對家庭的貢獻。

多倫多大學的社會學家貝勞特（Judy Beglaubter），訪問了一些自認為「有參與家務事」的父親，請他們定義參與家庭事務的父親應該達到什麼標準。結果竟然沒有人提到像是要餵孩子吃飯、換尿布或洗衣服這類事情。她表示，很多人都會說，「父親對我的成長過程有很大的影響、父親沒有參與太多我的生活、父親非常權威，所以我不希望孩子在那樣的家庭氣氛中長大……」然而對其他人來說，這些甚至算不上是什麼計畫或安排，反而比較像是想參與的動力，因為這些原因而陪在孩子身邊、跟孩子互動。所以父親會認為，光是在待在家裡、跟孩子一起踢足球，或是飯後坐在餐桌旁跟孩子聊聊學校裡發生的事，就算是有參與家庭事務的父親了。然而母親可能會把「參與」定義為：接送孩子上下學、準備便當，以及安排看醫生的時間等。

當你正為伴侶沒有對家庭做出貢獻而感到挫折前，最好先問自己：他真的沒有做到任何事嗎？還是他只是沒有做你在乎的事？注意觀察配偶做的所有小事，像是倒垃圾、清理貓盆、換燈泡、對車子檢查保養、送衣服去乾洗，或是送報稅單去會計師那裡……。如果你的另一半不做這些事，那麼這些事就會變成你的工作。也許這些不在「優先待做」的家務事清單裡，也許只占比所有家務事的一小部分，但畢竟仍然是家務事。

當孩子製造出更多的工作

我的女兒一出生，丈夫對我可以這麼快輕鬆照顧孩子而感到驚訝。他認為，這全是出自於為人母的本能。

當然，這不是事實。照顧嬰兒並非我與生俱來的能力，不過我對這項工作也不全然陌生，就像許多女性在小時候也曾經幫忙照顧年紀較小的弟妹。十幾歲的時候，我幫忙許多家庭帶小孩、充當臨時保母，成年後，我也有許多機會接觸親友的孩子，逗弄他們、抱抱他們、餵他們吃東西、幫他們換尿布等。儘管如此，當女兒出生後，我對於養育孩子還是有很多不懂的地方，只不過我會找書來看、跟母親請教、跟女性朋友討論，還會諮詢請教醫院裡的護士和醫生等。因此所謂的「本能」，其實是這麼來的啊！

儘管如此，丈夫還是堅信我對教養孩子比他更在行。我很願意接受「我比他好一些」的說法，他也樂意把大部分的日常重責大任交出來。然而事實的真相卻是我喜歡掌控所有跟孩子有關的事，同時也對丈夫缺乏參與的態度感到不滿。這樣的事態發展讓我們兩個都十分驚訝，畢竟女兒出世前我們都很期待共同分擔養育責任。

當寇文夫婦跟許多夫妻一樣，討論到關於孩子出生後的養育問題與家務事分配時，他們發現（如同我跟丈夫）夫妻對彼此都有很高的期望，也都預期對方會分擔大部分的家務事、一起負責照顧孩子。然而等到孩子出生後，事情卻很少會照著預期發展。許多夫妻一致反映，妻子後來做的家務事遠比先前規劃的多出非常多，而丈夫在照顧孩子的部分則比妻子期望的少很多。

對此，寇文夫婦設計了一份問卷，來確認夫妻如何分配所有的家務事。結果顯示，孩子出生前夫妻總是合作處理所有的家務事，有時候是丈夫洗衣服，有時候則是妻子去倒垃圾。然而當孩子出生後，夫妻就傾向「專人負責專務」的工作模式不再一起分攤，而是把家務事分成「你的」和「我的」工作：妻子照顧孩子、洗衣、洗碗，丈夫則維修家裡該修補的東西、倒垃圾，以及養護車子。就需要耗費的時間來看，雙方的工作量相當平均，只是這些家務事的分派還是根據傳統的「性別標準」來決定。

寇文夫婦寫道：「這樣的工作分配讓丈夫和妻子都感覺到，自己跟配偶是有所區別的。因為內在自我認定，以及『不希望自己的婚姻跟上一代雷同』的雙重感受，這樣的情況會讓他們覺得失望、害怕，甚至感到寂寞。」

全世界的女性都負擔了照顧孩子的大部分責任。一份結合澳洲、荷蘭及紐西蘭的研究結果顯示，孩子出生後女性每週做家務事的時間增加了十二小時，男性則只增加了兩小時。美國的研究結果也顯示，女性、男性照顧孩子的時間比例是五比一。

即使父親也希望分擔照顧孩子的責任，但是在妻子懷孕期間，母親會多分擔一些養育責任的跡象就顯現出來了。在寇文夫婦的研究裡，期望母親能負擔的責任包括：安撫嬰兒的哭聲、半夜起床看顧孩子、洗孩子的衣服，以及挑選嬰兒的玩具等。但是在其他項目，夫妻雙方則期待彼此可以分擔責任，像是決定什麼時候該由誰來餵嬰兒、換尿布、幫嬰兒洗澡、帶嬰兒出去走走或玩耍、安排保母的時間，以及跟小兒科醫生討論等。即便嬰兒六個月大的時候，落到母親肩上的這些責任仍然是不成比例的多出許多。寇文夫婦也發現，夫妻雙方對於這樣的情況其實都不開心。關於照顧孩子的責任分配，母親表達出的不滿遠比父親更多，而父親也表示自己其實很想多參與，但是卻不知道應該從何著手。

在嬰兒出生後六到十八個月時，父親開始接手更多責任，可能要幫嬰兒洗澡、帶嬰兒出去，並且晚上小孩醒來時也得跟著醒來……，然而這些工作量的增加卻相當緩慢，而且不一定會隨著彼此對家務事分配的滿意度提高而增加。事實上，當孩子兩歲後父親做的家務事反而更少。當孩子十八個月大後，儘管父親購物和整理庭院的次數變多，但是做晚飯的時間卻變少，也不常倒垃圾了，很明顯是因為這些事可以在上班前、下班後，或等到週末再做就行了。

習慣大局全攬

很多年前，我在討論職場與家庭之間角力的專欄中，提過好友大偉洗衣服的習慣。他從來不分類，每次都把白色跟彩色的衣服混在一起洗，他以為只要用冷水洗，就可以防止衣服染色，然而大偉的妻子卻是個徹頭徹尾的分類專家（我也是，因此可以理解她的痛苦），每次都會為了大偉洗衣服不分類的事情發飆。她請大偉把衣服區分成白色和彩色兩組，這樣一來她和三個孩子的衣服就不會都毀了，但是大偉拒絕這麼做。事態已經超出她可以容忍的範圍，於是她接手洗衣服的工作，乾脆自己親力親為。

這個故事公開後，讀者的郵件如潮水般湧來。無數女性都反映，她們知道大偉在玩什麼花樣「純粹就是故意裝無能」，藉由把衣服洗壞的失敗，讓他從此不必再碰這件事。同時，我也聽到同樣為數眾多的男性表達不高興的心聲。他們堅持這與衣服顏色無關，而是跟「控制」有關，女性不可以在要求男性分擔家務事的同時控制事情應該怎麼做，特別又是在不符合自己專斷的期望時再加以批評。

婚姻研究專家則把這種情形稱為「母親守門員」（maternal gatekeeper）理論。這個理論是說，男性並不會因為大腦差異而不願意做家務事，也不是因為小時候沒有學過怎麼煮菜和打掃，才會選擇做倒垃圾和換燈泡這些事，他們逃避做家務事的理由全是因為女性堅持掌控一切。當女性宣稱需要丈夫幫忙做家務事的同時，又希望指導先生事情應該怎麼做，例如怎麼摺毛巾、怎麼換尿布，或是怎麼把髒碗盤放進洗碗機等。一旦丈夫的做事方式「不正確」，妻子就會抱怨、批評，甚至自己再重做一遍。最後的結果就是，先生生氣、放棄，或是下一次故意做錯，這麼一來妻子就不會要他們再做同樣的事了。

聖地牙哥大學羅斯布倫教授說：「在婚姻諮商中，家務事是很常見的議題。妻子希望丈夫可以做點家務事，但是某些情況丈夫卻會想要故意搞破壞，不是不擅長，就是忘記做而被提醒。這時候妻子就會說『你做錯了』或『你抱寶寶的方式不正確』。不管理由是什麼，女性仍然把這些責任攬在自己身上，她們不希望放棄這個角色。」

社會學家戴力（Kerry Daly）表示，父親總會堅持自己在照顧孩子方面是「完全有能力的」說法，卻往往不去身體力行。他研究夫妻如何分配在家中照顧孩子的責任後發現，當男性真的做家務事時，妻子卻常常告訴他應該要做什麼，包括孩子應該穿什麼衣服、帶孩子出去玩的時候應該要有什麼樣的行程活動等。戴力博士說：「如果你都是那個事先做計畫及領頭的人，自然在家務事上相對擁有一定程度的權力。我認為，女性在某種程度上很珍惜這部分的權力。」

我們看過數不清的類似案例，甚至自己還會覺得有點罪惡感。我認識的一位女性某天有事必須出城，她留給丈夫三張寫得密密麻麻的便條紙，上面全是關於怎麼照顧小孩的事，從要帶多少尿布到托兒所、怎麼把漢堡切成小塊四方形的步驟，到孩子睡覺時要如何拍背好讓他容易入睡等細節。不過丈夫卻表示，自己並不會被這鉅細靡遺的清單給弄煩，反而很感謝有明確的指示可以照著做。倒是妻子承認自己做得過火了些，她承認：「他還是會知道該怎麼做的。」

寫過《懶惰的丈夫》（The Lazy Husband）一書的婚姻研究人員柯曼（Joshua Coleman）說：「守門員的角色只會讓先生變懶、家事做更少或乾脆不做。」

研究職場與家庭糾紛的達斯伯瑞（Linda Duxbury）指出，當妻子在做某項家務事時，通常丈夫不會亦步亦趨的跟在旁邊檢查。她也發現，自己在家庭中也扮演了守門員的角色：她會指揮正在張羅晚餐的丈夫應該怎麼切洋蔥。結果丈夫說：「你要嘛就讓我弄晚餐，要嘛我就不弄了。」對此，達斯伯瑞說：「有時候是我們把自己推進了痛苦的深淵。我們喜歡當殉難者，但是也喜歡抱怨。」

做家事有益身心健康

家務事既然會為婚姻帶來衝突，自然也會影響婚姻的幸福程度。

肩上背負太多家務事的女性，對婚姻的滿意度低，情緒也容易陷入沮喪。相反的，如果丈夫願意多做點家事，就算妻子偶爾鬧鬧情緒，在婚姻衝突中也比較容易平心靜氣。或許，願意做家務事的男性通常個性也比較隨和。總之，男性如果能多少幫忙分擔點家務事，夫妻之間的衝突勢必會少些。不論是對男性或女性，多做家務事都有益生理健康。男性在生理上適合多出力，如果男性多做家務事，不僅可以減緩婚姻壓力，身體自然也會更健康。柯曼說：「當男人做家務事時，代表他在乎妻子重視的事情，彼此感覺更像夥伴。」

有些夫妻會請保母或鐘點家事服務員來幫忙，但是研究結果顯示，僱用職業人士幫忙做家務事，未必是最好的解決辦法。田納西大學的研究團隊訪問了八十五名具有商業背景且擁有碩士學位的男女，了解他們對工作和婚姻的滿意度。這些三、四十歲左右的企業經理人，平均年收入都在七萬五千美元以上，平均結婚九年。

結果發現，付錢請人處理家務事反倒會降低婚姻的幸福程度，而不是提高。儘管原因不清楚，研究團隊推測可能僱請外人來幫忙家務事（尤其是照顧小孩），會帶來經濟及心理的雙重壓力。另一種說法是，夫妻共同分擔家務事時有助於感情更為緊密，或許當家務事被分派出去時，婚姻中某些非常核心的東西也因此消失了。

以下有個實例，可以解釋為何僱請外人幫忙反而會增加（而不是減少）婚姻的壓力。有個妻子連續幾晚必須加班工作，她希望丈夫都能在家陪伴小孩，可是丈夫卻想請保母到府幫忙，為此妻子大為光火。一方面她對自己不能多陪孩子感到愧疚，同時也不想讓孩子整天都得跟著保母，於是陷入應該取消加班計畫或把孩子丟給保母看顧的兩難中。只不過，不管最後選擇什麼她都不會開心，也會把責任全都怪罪到先生頭上。再看另一個例子。有對夫妻想找個週末好好整理庭院，但是加班、出差等狀況不斷打亂計畫，等到再過一陣子天氣就會轉壞，到時候就更不可能弄了。最後，他們決定請人整理。雖然這個決定合理，但也讓兩人失去了彼此相處的機會。

同時研究結果也發現，許多夫妻不懂得如何表達自己的需求，或是尋求另一半的支持協助。那些在家務事和養育孩子的工作上懂得如何協商的夫妻，在婚姻和職場都比較快樂。研究團隊建議夫妻（特別是妻子），應該好好檢視自己有無適當的提出需求，並且提供另一半實際的妥協方法，以便讓家庭生活可以運作得更順暢。

誠然，婚姻裡最大的衝突來源之一，便是覺察到不公平，覺得在勞動、金錢或情緒上沒有得到合理分配的不公平感受。一般來說，女性要比男性更容易抱怨家務事分配不合理。但是，這樣的不公平究竟是因為男性不想幫忙做事，還是女性沒有為自己協商出更好的解決辦法呢？研究結果也顯示，即使在職場，女性也比較缺乏談判協商技巧。經濟學家貝卡克（Linda Babcock）的調查結果顯示，男性要求職務調整的次數是女性的兩倍，勇於爭取加薪的可能性也是女性的四倍之多。

這麼多年來，我老是聽到許多女性抱怨丈夫不願意多幫忙，但是再追問下去，她們會承認其實是自己沒有直接提出幫忙的請求。最普遍的回答就是：「為什麼非得要我說出口，難道他自己不會看嗎？」然而會這樣回答的女性，其中有不少在職場上的作風強勢，她們絕不會期待同事能夠讀出自己的心思，所以一定會主動把需求說出來，反而在家的時候不會站出來為自己說話。

家事多做，性生活更美滿

我曾經參加一個晚宴，飯後男主人開始清理桌子。我提議幫忙，女主人揮揮手表示不需要。她說：「我丈夫自己就行了，因為對他來說這是前戲。」這可不是玩笑。研究調查結果顯示，對許多夫妻來說，家務事的分配大大影響了他們的性生活。

《男性的聲音：做丈夫的如何看待他的婚姻、妻子、性生活、家務事和承諾》（VoiceMale — What Husbands Really Think About Their Marriages, Their Wives, Sex, Housework, and Commitment）一書的作者崔西克（Neil Chethik）說：「家中勞動力的分配，對於婚姻的健康程度是個重要指標。」。崔西克訪問了三百位已婚男性，發現家務事跟性之間是永恆的平行線。與家務事分配不公平的怨懟夫妻相比較，那些對於家務事分配感到滿意的夫妻，每個月的行房次數要多出一次。如果妻子因家務事分配不公平而不快樂，丈夫很有可能會因此認真考慮離婚，因為事實上這些先生外遇的機率也同時高出兩倍。

崔西克說：「男性表示如果做了家務事，妻子跟他們在一起時也會比較快樂。這表示他珍惜她、會為她設想，同時也在乎她。等到他們行房時，這些都會讓妻子表現得更為熱情、愉悅。」此外，妻子對於家務事的分配愈滿意，丈夫對於性生活也相對更滿意。家務事不一定要做到對半分配這麼公平，重點在於妻子是否感覺公平。崔西克同時指出，男性也想住在乾淨的地方，因此女性比較會將「維持住家的乾淨整潔」擺在家務事的優先處理事項中，如果家裡髒兮兮，妻子（而不是丈夫喔）肯定會被批評得很慘。

對於丈夫不願在家務事上多做貢獻，其實跟另一個心理障礙有關：他們失去的恐怕比得到的多。男女雙方若擁有相同的休閒時間，男性的負面反應將遠比女性大更多。因為當家務事重新被分配得更合理時，妻子「得到」了休息時間，丈夫卻將「損失」休息時間，意味著他們必須放棄做其他有趣的活動，待在家裡做家務事。

藉由前面的種種相關研究結果發現，家務事的影響層面不只攸關誰煮飯、誰打掃，以及誰洗衣服。家庭勞動力的分配方式，反映了婚姻關係的強度，以及雙方是否處於合夥關係的基礎。絕大多數的調查結果顯示，男性需要多參與家務事並照顧孩子，而女性仍然繼續承擔較多的家務事責任。不過，有時候這是她們自己的選擇，因為研究結果也顯示，女性會表現出守門員姿態，掌控家中一切。如果希望男性貢獻心力，女性也必須退讓一步，讓丈夫有機會參與其中，並且用自己的方式做事，而不是被時時監督或飽受批評。聽起來非常簡單，卻是前進的一大步。要女性讓出在家中的權力或許並不容易，部分理由是因為她們覺得當親人與朋友看到家中髒亂時，鐵定會批評她的持家能力（而不是責怪丈夫）。現實情況的確總是如此。

有鑑於家務事是引發夫妻爭吵的衝突之一，因此把重心放在家務事的分配可以大幅改善婚姻品質。畢竟，這不像妯娌關係、工作壓力或經濟問題等其他婚姻壓力來源棘手，基本上夫妻雙方可以控制情況。很多時候，只要做一點小努力就會帶來大影響。我的一位女性朋友就說了，其實她可以自己處理多數家務事，不需要丈夫額外幫忙，但是最讓她挫折的是，丈夫每天早上不能幫忙把小孩打理好，以便準時出門上學。如此看來，男性只要花個十五分鐘時間，就可以大大改善兩人的關係。

要記住，倘若你跟另一半能搞定家務事分工，不僅可以享受乾淨又整潔的居住環境，同時也能擁有更美滿的婚姻。

10

當金錢問題變成婚姻問題

歌德（Johann Wolfgang Von Goethe）：「夫妻互欠多少已無法計算，只能用一生償還。」

通常，我們是為了愛結婚。然而，婚姻中有許多事卻跟金錢有關。

儘管這聽起來很愚蠢，但是婚姻最基礎的本質就是財務關係。愛情和浪漫當然是必要條件，不過金錢在婚姻關係卻是永遠扮演重要角色。例如，住在哪裡、要如何運用時間、選擇什麼樣的工作、賺多少錢、要不要（或是何時要）生孩子、要怎麼撫育孩子，甚至是該不該離婚等，這些所有婚姻中要考慮的面向，不僅只是兩人關係的決定，更是財務上的決定。

無庸置疑的，婚姻在幾個世紀以前是財務上的結合，家庭藉此創造財富、獲得土地、取得或維持社會地位。嫁妝通常是男性在父母過世前累積財富的主要方式，遺產則是妻子在丈夫不幸過世後的主要經濟來源。有時候，愛情也是整樁婚姻的一部分，不過更常見的情況是，這種浪漫只不過是因為財務考量而結合為夫妻所得到的副產品。

很多事情在上個世紀有了改變。現在，多數生活在已開發國家的夫妻是為了愛而結婚，即使是在靠媒妁之言成婚仍屬正常的社會裡，以愛為基礎的婚姻也日漸普遍。但是，金錢仍然至關緊要，甚至儘管已不再需要媒婆撮合，男女仍然傾向根據「門當戶對」的原則選擇伴侶，盡可能和自己背景相似的人結婚。結果，受過高等教育、擁有高收入的男性傾向與同樣受過高等教育、擁有高收入的女性結婚成為伴侶。反之，教育程度較低、收入較少的男性，則傾向與同樣條件的女性結婚。

即使人們會因為相近的經濟地位相互嫁娶，但不表示不會為金錢而爭吵。研究結果不斷顯示，金錢是夫妻在婚姻裡發生衝突的主要來源之一，負債更是個大問題。兩人結婚時各自有多少負債，已經成為新婚夫妻爭吵的頭號理由。一些研究結果顯示，美國人把八成的清醒時間都拿去處理與金錢有關的事務，像是賺取薪資、為某筆支出發愁等。對夫妻來說，財務問題和負債感覺都和婚姻不幸息息相關。

就現實面來看，儘管婚姻與愛情和家庭有關，卻也和如何處置、花用及累積金錢脫離不了關係。夫妻每天努力解決婚姻中的日常決定，其實就是在強化（或減弱）兩人關係和財務決定。重點只有一個：如果你解決了金錢問題，就不需要太擔心還要解決或預防婚姻裡的危機。

婚姻的經濟效益

婚姻會創造財富。除了兩人生活的費用比各自生活時來得便宜，也可以賺得更多。這不僅是指把兩份收入直接加總的所得，同時也是藉由分擔家務事方式，讓夫妻可以在賺取收入上更有生產力。當一方在家裡操持家務時，可以讓配偶付出更多的心力、時間和資源來賺取金錢。

俄亥俄州立大學人力資源中心的研究人員瑞葛斯基（Jay Zagorsky），為了比較九千零五十五名已婚者和單身者的財務狀況，對二十幾歲的人進行全國抽樣，自一九八五到二〇〇〇年持續追蹤十五年。研究中，單身者的財產呈現緩慢穩定增加，十五年後平均增加了一萬一千美元財產。已婚者（也沒離婚）的財產增加情況更為明顯，婚後第十年財產平均增加了四萬三千美元。已婚者累積財富的速度比單身者快。

在其他條件不變的情況下，瑞葛斯基發現已婚者的財產平均每年會增加四%。他特別提醒，「婚姻在財務上的收入，並非把兩個單身者的財產直接加總就好。至於離婚造成的金錢損失，也不是直接把兩人的財產對半除以二。」與單身者比較，結婚確實會讓個人財產增加一倍，而離婚則會讓個人減少大約七七%的財產。瑞葛斯基博士說：「如果真的想增加財富，請你結婚並且維繫婚姻。」

在婚姻中，一對夫妻擁有的財富來自雙方耗費時間和資源朝向目標前進，例如賺錢、儲蓄、投資，事實上並不僅止於此。在社會及法律面上，結婚比單身擁有更多好處。研究結果顯示，已婚者得到親友的金錢資助要比單身時多。比起單身者，已婚者普遍被視為「穩定性較高」，即使「只有」同居關係也一樣。政府和企業的規定也都對已婚者有利。以下來看看這些婚後可以享受的福利：

職場福利：多數美國僱主，會提供健康保險與退休年金的福利給員工眷屬。即使公司老闆只提供福利給自家員工，已婚者還是享有好處。例如，美國企業員工的健康保險必須被認列為薪資收入而課稅（因為健康保險包含在員工的薪資收入裡），而員工配偶則享有免稅福利。

生活津貼：未亡人（不管是妻子或丈夫）都有資格領取生活津貼。根據美國社會安全局的案例，未亡人在配偶過世後，可以領取配偶原有社會安全津貼的一半及其他補助。

較低的保險費率：相較於單身者，已婚者的汽車保險或其他類型保險的費率都相對低廉。

財產繼承權利：不管過世配偶有無立下遺囑，未亡人都享有過世配偶一定比率的遺產。在美國，未亡人可以享有至少三分之一到二分之一的遺產分配權利。有別於單身者，當未亡人繼承這些金錢或房產時，不必繳交遺產稅。

撇開結婚帶來的所有經濟面好處，結婚的時機也相當重要，尤其對女性更是如此。女性如果在年輕時把精力全花在教育和工作，是會得到報酬的。如果女性不需要照顧孩子，也不需要操持太多家務，可以很早在職場上有所斬獲，並且維持數年之久。研究結果顯示，如果女性把生第一個孩子的時間往後推延一年，那麼她的終生收入就會上升一〇%。

不過，婚姻中的經濟議題不僅僅是累積財富，也包括了在「想要」和「需要」兩者之間不斷拔河、供養家人所需，以及決定在什麼時候花錢和花在什麼地方。

在工作和家庭之間拔河

對於已婚者來說，工作和家庭生活兩者之間的拉鋸，是常有的壓力來源。丈夫要開會、妻子要出差，再不然就是保母打電話來請假。誰該去接小孩放學，再送他們去踢足球和上舞蹈課？一份全國性的研究結果顯示，八三%的職場母親和七二%的職場父親反映，自己陷入工作需求和渴望多陪伴家人的拉鋸中。

家庭和工作相互衝突造成的影響，在男性和女性身上各不相同。一般而言，雙薪家庭中的女性，對於「自我成長」和職業滿意度都遠低於男性。研究結果顯示，妻子的工作重要性傾向排在先生的工作之後。造成這樣結果的原因很可能是因為女性身為妻子和家庭照顧者兩種角色的衝突，因而限制了職場上的機會與獲致更高成就的可能。然而許多研究結果也顯示，職場和工作兩者之間的衝突關係也開始為男性帶來壓力。在一份研究中，已婚或有小孩的男女分別被問到：「你的工作和家庭生活相互衝突的程度有多少？」

一九七七年，女性顯然在這方面的困境要更明顯，有四一％的女性和三四％的男性反映，衝突的程度為「中等」或「嚴重」。但是到了二〇〇二年，同樣問題再拿來問這些雙薪家庭的夫妻卻得到令人驚訝的答案：相較於四一％的女性，有四六％的男性抱怨自己的工作和家庭生活相互衝突。

這並不表示男性面對家庭責任的困難度比女性高，比較可能反應的現象是：比起七〇年代的父執輩，這一代的男性更看重家庭生活。當女性從常年的掙扎經驗逐漸發展出後援的系統和策略時，男性不過是晚近才開始學習如何負擔家中更吃重的角色責任，結果造成男性仍在努力學習，如何在工作和家庭責任之間找到平衡。

當妻子的收入成為主要經濟來源

我在七〇年代的成長階段時，父母各自扮演很傳統的角色。父親是個空軍飛行員，經常不在家，於是撫育孩子的責任全都落到母親肩上。到了八〇年代，父親不再需要飛來飛去，所以全家人落腳在俄亥俄州的戴頓市展開新生活。此刻家中的四個孩子不是在唸國中就是高中，母親在家的責任因而減輕不少，也有了較多的空閒時間，因此決定要在房地產領域追尋事業第二春。這件事也獲得父親的全力支持，他因為家裡將會有額外收入而樂見其成。

不管是父親或母親都沒想到，母親在房地產領域的新工作會這麼順利。她擁有廣大的忠實客戶群，也因為他們的推薦得到很多生意。沒多久，母親就成為該家房地產公司的王牌仲介，然後變成全戴頓市營業額第一名的房地產仲介。原先沒有什麼安全感的母親因此找到了自信，即使是晚上、週末和假日，客戶打來的電話也沒停過，母親更是竭盡心力滿足他們的需求。母親身為職業軍人的妻子，一生中搬家的次數不下數十次，因此完全能體會搬家和找新住所帶來的壓力，我也相信對客戶的同理心是她事業成功的祕密。

母親賺的錢也為家裡帶來了新契機。我的妹妹們因而有機會進入更好的大學就讀，也讓父母可以買一輛二手的克萊斯勒給家裡幾個青少年使用。我們甚至還找出時間安排了幾次全家旅遊（以前只靠父親的軍中收入過日子時，根本不可能有這樣的機會）。這是父母結婚以來，第一次不再需要煩惱錢的問題，但是這也為他們的婚姻帶來空前緊張關係。母親不僅在經濟上不再依賴父親，而且實際上她賺的錢比父親還要多。

當父親自空軍退休後，他接下了一份遠在德州的工作，而且這份薪水比他在軍隊時還高，然而搬家卻也同時意味著母親必須放棄工作。儘管家庭的總收入會減少，父親還是堅持要搬家。幾年前母親過世了，一次跟父親談到母親在世的生活，聊到她在仲介業如何成功之類的事。我問父親，為何他不在俄亥俄州找份工作並且支持母親，反而要她選擇放下事業。他聳聳肩承認，當了多年的家庭主要經濟支柱後，要他把這個角色讓位給母親真的非常困難。只是他仍然無法解釋，為何整件事會讓他們彼此的關係變得如此緊張。

時至今日，每三位女性中就有一人的收入比丈夫多。大家普遍認為，女性的經濟獨立增加了離婚風險。但是事實的真相卻是，當女性的收入增加，離婚率反而降低了。七〇年代末期，離婚率到達高峰：平均每一千對夫妻就有二十三對離婚，現在的數據則是降到了十七對。從這裡可以看出，女性愈能在經濟上獨立，就愈能穩固婚姻關係。在其他女性相對難找到工作的州，離婚率則有增加的趨勢。

為什麼妻子的經濟獨立可以穩固夫妻關係？當女性可以不需要為了經濟因素而結婚時，她們的選擇就比較多了，即使在婚後也比較能運用協商技巧，使得婚姻對男女雙方都顯得較為平等。然而要達到這一步，並非一蹴可幾。對於配偶的賺錢能力比自己厲害，以及自己必須做較多家務事等，一些男性感覺受到威脅，彷彿意味著自己比較無能。許多職場女性也不希望把家庭責任讓給丈夫，因為他們打掃家裡或洗衣服的方式不符合自己的標準。

對於老一輩的男性來說，婚姻當中的經濟大權受到威脅是他們最艱困的挑戰。羅格斯大學社會學家史賓鄂（Kristen W. Springer）發現，在五十幾歲的男性當中，如果妻子比丈夫會賺錢，丈夫的健康狀況就會比較差。相較於丈夫是主要經濟來源的夫妻，在高所得的夫妻裡，當妻子是家中的主要經濟來源時，丈夫有六〇%的機率健康狀況不佳。但是對許多雙薪夫妻來說，最大的爭吵在於誰要做那些拿不到錢的工作，包括煮飯、打掃、照顧孩子等，因為這些在傳統上被認定是女性該做的事。

英國肯特大學的社會學教授庫克（Lynn Prince Cooke），專門研究一九八〇到一九九〇年之間初次結婚的夫妻。低離婚風險的夫妻當中，妻子的收入大約占全家收入的四〇%，丈夫在家務事的貢獻率大約是四〇%。當妻子的收入提高或丈夫所做的家務事增加，夫妻的離婚率就會提高（不過仍然比丈夫是主要經濟來源、妻子包辦所有家務事的傳統夫妻低）。至於離婚風險最高的，則是妻子的收入占全家收入八〇%、而丈夫幾乎得做全部家務事的夫妻。這個研究結果揭露了不公平的家務事責任，不管落在丈夫或妻子肩上，都會為婚姻帶來危機。

一九六〇年代起，男性對家務事的貢獻已經成長兩倍，花在照顧孩子的時間也多了三倍。但是即使在雙薪家庭中，平均而言女性還是做了三分之二的家務事。這些妻子花在工作上的時間跟先生一樣多（甚至更多），為什麼仍然擔負了大部分的家務事呢？社會科學家推斷，這可能跟源自男性與女性執著的「補償性」心理有關。男性藉由少做家事來維護自己的「男子氣概」，以補償自己不再是家中主要經濟來源的角色。相較之下，女性因為感覺到丈夫對這方面的敏感，於是便主動負擔多一點的家務事，藉此支持丈夫在家裡的角色和地位。

儘管如此，更多新近的研究結果顯示，女性賺錢的能力有愈來愈強的趨勢。麻州大學的古達（Sanjiv Gupta）教授發現，女性做家務事的多寡不受丈夫收入的影響，而是決定在她自己的收入。古達博士說，在已婚的職業婦女中，薪水每增加七千五百美元，每週就會少做一小時的家務事。相較於收入在倒數一〇%的女性一週所做的家務事，收入在前一〇%的職業婦女少了整整九小時。他認為這些數據顯示了「家務事可以顯示階級」的重要性。低收入女性一週所做的家務事要比丈夫多出將近十六小時；高收入女性所做的家務事仍然比丈夫多，但是雙方的時間已拉近許多，妻子差不多只比丈夫多五小時。

古達博士的研究有個有趣的注解。他認為，整體而言家庭總收入並不會影響女性做家務事的時間多寡，即使收入很高也不會讓女性少做一些家務事。只有當女性自己的收入很高時，她做的家務事才會減少（顯示只有女性的收入會拿來僱請別人幫忙做家事）。

古達博士寫道：「這個結果很令人驚訝，因為提供營養、乾淨衣服和整潔環境等日常家務事，對家庭的每位成員都受惠。這表示男女都覺得處理這類的家務事還是屬於女性的責任，儘管這意味著她可能要用自己的錢來請人做事。」

鐵公雞對上玩樂派

早在剛交往的時候，我就很清楚丈夫跟我的金錢觀非常不同。我會存錢，用錢也非常謹慎。上大學前，有將近一年的時間我兼了兩份差事，存下學費同時宣告經濟獨立，好讓我不再需要向父母伸手拿錢。而在就讀大學期間，我也兼差打工。至於我的丈夫，則是來自那種每年都會規劃長假的家庭，他喜歡在外面用餐和旅行，是個奉行「認真工作、努力玩樂」的人。他認為自己努力工作，當然有錢買好玩、有趣的東西。我最想要的東西莫過於一棟屬於自己的房子，他則想要旅行、參觀博物館和劇院，以及上好館子吃飯。

儘管這聽起來像是災難的組合，但是我們剛認識的時候卻沒有這樣的感覺。我知道自己應該放鬆些，多享受一點生活。我們第二次約會時，他請我去城裡最好的餐廳吃飯。丈夫很讚賞我存錢與支付開銷的能力，也認為他自己需要對未來多做規劃。我們兩個一點都不知道，相同的金錢觀在幸福婚姻裡占了多麼關鍵的因素。度完蜜月，兩個人對於如何用錢的差異開始讓我們吃苦頭，當初把我們兩人拉近的特質，如今卻變成婚姻最大的壓力來源之一。

最近的研究結果顯示，我們並不是唯一遇到這種情況的夫妻。儘管男女容易被與自己特質相近的人吸引，但是在跟金錢有關的領域中，人們反而會受到習性相異者的吸引。享樂主義者或購物狂，最後反而會喜歡懂得存錢的人，或是所謂的小氣鬼。為什麼享樂主義者會欣賞愛存錢的人？學者推斷，在金錢天平兩端的鐵公雞和揮霍者，通常都不喜歡自己對錢的處理態度，結果造成小氣鬼有可能對同樣也是吝嗇一族的人沒什麼好感。而在戀愛初期，小氣鬼可能會很享受約會當下恣意花費所帶來的感覺，而享樂主義者也可能很感謝有個女性在金錢上比自己務實許多，可以幫他在金錢上多所節制。

問題在於，我們並不會總是乖乖依據本能或直覺行事。當鐵公雞和玩樂派結為夫妻時，就注定了一輩子都會在金錢上有所衝突。當然，雙方還是有機會找出折衷點，但是更多時候金錢觀深植於我們原生家庭的生活經驗，很難再有什麼大轉變。我自己就是個活生生的例子，金錢很快就成為我在婚姻裡的主要壓力來源之一。

投資你的婚姻

許多關於婚姻和金錢的研究數據都指出，如果夫妻能夠妥善解決金錢問題，婚姻就不會遇上太大的問題。

如果你發現自己經常跟另一半為錢爭吵，不同意彼此的花錢方式，或是為誰該管錢而爭吵，那麼就是應該認真優先解決金錢問題的時候了。如果你還是無法確定，本章最後的測驗可以幫助你了解金錢問題在你的婚姻裡所占的份量。沒有一個簡單的方法或一套適用所有情形的金錢策略，可以精確測出你的婚姻受到金錢問題的衝擊有多大，一切都得依據你的收入、支出，以及金錢議題為你跟另一半帶來多少壓力而定。

如果夫妻感覺金錢已經對婚姻關係產生嚴重問題，就應該尋求財務規劃專家的建議、諮商，幫助找出金錢問題的根源，並且設法化解問題。

帳戶該合併或分開？

通常夫妻會討論雙方的收入、財產是否要合併，以及如何管理金錢等問題。許多夫妻都認為，雙方各自擁有帳戶是最可行的方式，然後每人每月再存等比例的錢在兩人的共同帳戶裡。有的夫妻則是喜歡把錢全部集中到一個帳戶裡，有的夫妻則是喜歡財務完全獨立，各自存自己的錢。可惜的是，目前還沒有足夠的研究數據可以為夫妻提供建議，到底哪一種才是最可行的方式。

萊特州立大學科岱（Lawrence Kurdek）在一九九三年的研究結果中發現，夫妻各自管理自己的財務是離婚的潛在因素。一九九五年在英國所做的調查結果也發現，夫妻之間最好要財務平等，把所有錢集中起來共同管理。從有限的數據中發現，夫妻聯合管理財務似乎是比較好的方式。但是在一九九三年的研究報告還無法看出，是否因為保留財務獨立的決定，才導致婚姻關係緊張；抑或夫妻關係本來就有裂痕，更使得夫妻想要保留財務自理的權利。英國的研究結果顯示，把財務統合起來管理的夫妻擁有比較對等的關係，不過這也可能是因為這些夫妻本來就把婚姻視為平等的夥伴關係，因而覺得財務合併沒什麼不好。不管夫妻採用什麼方式理財，財務規劃師建議夫妻雙方需要對整體財務計畫有一致的認識。

另一份關於婚姻初期財務管理的研究結果發現，許多夫妻會隨著時間而改變財務管理的方式。在婚前多數伴侶各自管理財務，婚後頭幾年許多夫妻仍然保持帳戶分開的習慣。但是生活中的重大決定，像是買房子或生孩子，往往會帶來改變，讓夫妻開始把金錢集中管理，而仍然保持財務獨立的夫妻常依此來維護自主權。研究人員發現，財務獨立管理對於決定生孩子後就要減少工作時數，甚至是乾脆辭掉工作的女性最為不利。儘管每對夫妻的情況都會改變，以下兩項建議是所有婚姻諮商與財務規劃專家都會提供給夫妻的：

維持一些獨立性：儘管把資源集合起來、一起解決金錢問題很重要，夫妻雙方應該還是有些權利決定金錢的用處，好讓自己開心（即使這意味著另一半可能會皺眉頭也一樣）。如果你把重心放在想要優先支出的地方（例如買些衣服、一週一次的撲克牌局，或是某場運動賽事的入場券等），等到財務吃緊需要夫妻共同做些妥協犧牲時，就會容易許多。例如，這一季總共有六場球賽，也許你可以只去看三場，或是原本以前要花幾百美元買衣服，或許可以只挑選一兩件款式別緻的就好。

最值得花錢的地方之一，便是你們的婚姻：這個建議也相當重要，但是夫妻在解決財務問題時往往容易忽略這一點。這表示應該把錢投資在兩人共處的時間裡（像是規劃旅行、浪漫的約會，以及外出用餐），金額多寡取決於你們的預算及財務狀況。就算你們可能必須縮減開銷，然而相較於前往歐洲旅行一趟，也可以選擇開車到鄰近的民宿過夜幾晚就好。研究結果顯示，夫妻花時間相處、旅行、參加一些新活動，對於增進婚姻品質大有助益。

要記住的是，為金錢爭吵常是個指標，表示兩人在權力爭鬥或價值觀缺乏一致性。面對引起衝突的部分總比掩面忽視要好，也能走向比較穩固的婚姻關係，至少預警夫妻不要走上錯誤方向。

從愛與錢財學到的功課

心臟疾病研究人員曾經進行問卷調查，分析可能影響壓力或整體健康生活的因素。他們發現，很多已婚者都清楚一件事：金錢是一段關係的主要衝突來源。研究人員總共訪問了四千人，詢問他們跟另一半爭吵的首要因素。對男女來說，金錢皆名列與配偶爭吵原因的前三名。當夫妻要離婚時，金錢也是最常用來舉證的因素。

為什麼金錢會成為爭吵的主要因素?因為當人們為了金錢爭吵時,計較的不是金額,而是關於價值觀、目標及優先順序。如果你們會為金錢爭吵,表示你跟配偶有些足以影響兩人關係的基本價值觀不一致。

要共同生活,表示要做好計畫、設定目標,以及朝某個跟你現在一樣好(甚至更好)的生活前進,金錢常被用來測量與這些目標的距離。你想要擁有更大的房子,或是重新裝潢廚房?你希望每年可以帶家人外出旅遊一兩次?你喜歡外出用餐或在家自己下廚?你希望讓小孩進私立學校或公立學校唸書?未來你會幫孩子支付進入長春藤大學的學費,或是讓他們辦理學生貸款支付?你是否計畫早一點退休,然後帶著另一半出國旅行?

明尼蘇達大學家庭社會科學教授歐爾森(David H. Olson)長期研究婚姻關係,他在一份超過兩萬一千對夫妻的全國性研究中,嘗試找出健康婚姻的指標。他發現,即使是生活快樂的夫妻,對於金錢的爭吵也超過其他議題。但是不和睦的夫妻在金錢上的爭吵，則會走向經常性與白熱化。歐爾森設計了五個簡單的問題，幫助你確認金錢在自己的婚姻裡是否為主要衝突來源。請進行以下測驗題，並與受訪者的答案做比較。

測驗10 幸福夫妻的財務狀況

針對以下五個敘述，回答你是否同意。請先仔細思考，不要急著匆忙回答。你的答案可以幫助你決定，金錢和債務對你的婚姻是加分或扣分。

1. 對於如何用錢，我們夫妻的態度一致。
2. 我不會擔心自己的另一半如何用錢。
3. 我們雙方對於儲蓄的決定都很滿意。

4. 大部分的債務並沒有對我們造成問題。
5. 做出任何金錢上的決定，不會很困難。

測驗分析——

你的測驗結果如何？以上五個敘述，其實是測試婚姻幸福程度的試紙。幸福的夫妻至少會同意四項以上的敘述，當夫妻不同意的敘述超過三項時，通常在婚姻幸福與否的測驗也得不到高分。以下是全美婚姻品質調查的結果，幸福與不幸福的夫妻的得分比率。

婚姻幸福程度測驗得分較高的夫妻：

- 八九%表示，在決定如何用錢上可以達成共識。
- 八〇%表示，不會擔心自己的另一半如何用錢。
- 七三%認為，夫妻雙方對於儲蓄的決定都非常滿意。
- 七六%認為，大部分的債務並沒有造成彼此的問題。

- 八○％表示，他們要做出金錢上的決定時沒有困難。

在婚姻幸福程度測驗得分較低的夫妻，金錢問題也會對婚姻帶來問題：

- 五九％表示，在決定如何用錢上無法達成共識。
- 六八％表示，會擔心自己的另一半如何用錢。
- 七一％認為，夫妻雙方對於儲蓄的決定並不滿意。
- 六五％認為，大部分的債務對他們來說是個問題。
- 六八％表示，他們要做出金錢上的決定很困難。

資料來源：二○○三年全美婚姻品質調查

我自己在這項測驗中的分數，絕對會被列入「婚姻關係緊張」的高危險群。我跟丈夫在哪幾項敘述可以取得共識？一項也沒有！但是我們兩人從不認為金錢上的分歧是我們婚姻的最大問題。

債務尤其會對婚姻造成深遠影響，這也是很多情侶遲遲不結婚的主要理由之一。將近四分之三的男性和女性在結婚時有負債，多半是卡債、學生貸款、醫療帳單及車貸。研究結果也顯示，新婚夫妻爭吵原因的第一名就是債務，並且這也是夫妻延遲生孩子的常見理由。

在婚姻幸福程度測驗得分高的夫妻有個明顯特徵，就是他們沒有什麼鉅額的債務問題。幸福夫妻對於金錢的顧慮較少，在該有多少儲蓄的考量上也能取得共識。讀到這裡時，稍微停下來，仔細想想這個發現對你自己的婚姻關係有什麼意義。如果你能解決金錢問題，你在婚姻上就沒有什麼太嚴重的問題要解決。

歐爾森博士的研究結果顯示，大部分婚姻關係裡會發生金錢問題的原因，是因為一方總是認為對方在開銷上應當更為謹慎。當一對情侶在年紀較長的時候才結婚，這部分的問題尤其嚴重，因為他們不習慣還要跟另一個人討論財務上的決定。當一方在花錢時不會告知配偶，我們將此稱為「財務不忠實」。婚姻諮商專家指出，這樣的舉動會損害信任、危害婚姻。然而，偷偷花錢的行為卻普遍得讓人驚訝。根據GMAC金融公司針對二千八百戶家庭所做的調查結果顯示，有三分之一的人承認對另一半隱瞞了至少一項的開銷（這個項目最普遍的答案是花錢買衣服、跟嗜好相關的產品及賭博）。

歐爾森的調查結果顯示，即使金錢開銷在控制範圍裡，夫妻還是會為該有多少儲蓄、開銷的優先順序，以及誰該管錢等問題而爭吵。以下是歐爾森博士用來測試，財務衝突到底能對婚姻造成多少影響的測驗。

金錢對婚姻的傷害

針對以下五個敘述，回答你是否同意。請先仔細思考，不要急著匆忙回答。你的答案可以幫助你了解，哪些金錢議題會為婚姻帶來紛爭。

1. 我希望配偶在花錢時可以更謹慎。
2. 我們總是無法存錢。
3. 對於決定「什麼東西應該先買」，我們無法取得共識。
4. 債務問題，已經對我們造成困擾。
5. 我的配偶想要掌管金錢。

測驗分析——

如果你的回答有超過一個「同意」，那麼財務上的困擾很可能會讓你的婚姻付出代價。以下是全美婚姻品質調查的結果，幸福與不幸福的夫妻的得分比率。那些在婚姻幸福程度測驗得分較低的夫妻，比較可能為財務問題爭吵不休。

- 七二%表示，希望配偶在花錢時可以更謹慎。
- 七二%表示，兩人總是無法存錢。
- 六六%表示，兩人對於決定「什麼東西應該先買」無法取得共識。
- 五六%認為，債務問題已經造成他們的困擾。
- 五一%表示，配偶想要掌管金錢。

資料來源：二〇〇三年全美婚姻品質調查

我們從這兩萬一千對夫妻學到關於金錢的功課是，即使是幸福的夫妻，還是會為金錢的問題爭吵，但是，幸福的夫妻懂得在金錢支出上取得共識、一起做財務上的決定，並且沒有會造成困擾的債務問題。

總結婚姻裡的紛爭

即使美滿的婚姻也有糟糕的時刻，這些困難時刻讓我們記起婚姻誓言當中「貧賤不移」的部分。然而，我們在婚姻研究中所學到的功課是：找出並確認婚姻裡觸礁的部分，妥善處理這些困難並不如某些專家所稱的複雜。很多時候，在婚姻裡跌跌撞撞的夫妻，不過是把焦點放在錯誤的事情上。

的確，每一樁婚姻裡都有或多或少的衝突。夫妻面臨的挑戰不在於如何停止爭吵，而是要學會如何與另一半吵架。知道如何吵架的夫妻能夠利用衝突解決問題，藉此讓婚姻更為穩固。不要把重點放在你們吵得有多兇、為什麼而吵，而是應該注意吵架時所用的字眼，以及怎麼開始與結束吵架。此外，也要注意你是抱著批評、責難與苛刻的態度，還是以非侵略性的態度提出合理抱怨。一旦學會如何把衝突控制得更好，等到要解決重大問題（像是孩子教養、家務事，以及金錢等問題）時，心裡自然就會有個譜而不至於吵過頭。

好消息是，總是有方法可以改善夫妻解決問題和衝突的技巧，而不會破壞婚姻關係。接下來的幾章，婚姻研究團隊會確認出各種導致夫妻離婚的危險因素，同時提供許多能常保婚姻美滿的「處方」，讓你和配偶可以採取這些預防動作，提高婚姻關係的滿意度。

PART 3

從今以後

11

做更好的自己

古羅馬作家奧維德（Ovid）：「想擁有美滿婚姻，就找個門當戶對的對象。」

在一項針對一百五十對伴侶關於「工作和家庭角色」的研究中，曼荷蓮女子學院的教授杜斯克（Francine M. Deutsch）偶然發現，其中兩對夫妻有相近的職業生涯。這兩個案例都是醫生與大學教授的組合。在第一對夫妻中，妻子是大學教授、丈夫是醫生，她跟另一半都認為，丈夫的工作比她的工作來得缺乏彈性和不自由。然而在第二對夫妻裡，換成丈夫是大學教授、妻子是醫生。大家猜到結果了嗎？這對夫妻彼此都認為，丈夫在學校教書的工作比當醫生的妻子缺乏彈性和不自由。

許多人都認為自己很重視婚姻關係裡的平等，困難的是如何在生活中實踐，因為雙方都很容易各自落入傳統性別角色的刻板印象。為什麼平等的婚姻關係只能是理想？對於夫妻溝通與界定雙方責任而言，性別到底扮演什麼角色？完全平等的婚姻真的比較好嗎？平等的婚姻可能存在嗎？

為了回答這些問題，婚姻專家把注意力聚焦在兩種型態的伴侶關係上，因為這些伴侶顛覆了傳統的婚姻型態。第一組伴侶對於性別和關係所提供的見解會讓人大吃一驚，因為他們是同性戀者。由於同性婚姻在大多數地方尚未合法，因此很難讓人相信可以從同性伴侶身上學到多少東西。但是目前已經有大量同性伴侶關係的參考文獻，讓我們得以看見其中所提供的深刻見解，特別是關於伴侶互動與夫妻權力消長。按照定義，同性伴侶不需要解決性別差異的問題，而且當同性伴侶跟異性伴侶一起在研究室裡受訪時，可以很清楚的發現性別因素如何界定或逐步損傷婚姻。

第二種經婚姻專家慎重檢視的伴侶型態為「完全平等」的婚姻。這類型的伴侶很少見，他們嚴格執行所有東西、責任都各自分擔一半的原則，包括房子、工作與教養責任等很難破除男女性別差異的事。對許多伴侶來說，基於現實、社會觀感與執行等理由，很難成為「完全平等」型態的伴侶。不過，我們仍然可以從這類型的伴侶身上，學到關於性別、平等和公平這些常常有礙婚姻幸福的課題。

當性別不是爭吵的理由

李文森博士是長期研究婚姻的專家，他的學術生涯都在研究夫妻的互動模式，華盛頓大學的古特曼是他的研究夥伴，兩人透過錄影和整理對話內容等方式，精準預測出婚姻關係的穩定度。然而，他們的研究所得仍舊符合性別的界限。

李文森說：「顯然男女之間有很明確的差異，尤其是在處理負面情緒的時候。女性會想要把問題說出來，持續施壓直到衝突消除。男性則想逃避，似乎不能忍受解決衝突這樣的事情。這似乎是根深柢固的性別歧異。」事實果真如此嗎？這些模式有多少是出自生理因素，又有多少是因為社會化與文化因素強化之下的性別角色結果？只能靠一個方法找出答案：研究那些沒有性別差異的伴侶。

李文森與古特曼等人進行了一項長達十二年的調查研究，比較同居和結婚的伴侶，當中還包括異性戀者和同性戀者。研究團隊監看、錄影同性戀伴侶之間討論衝突的情況，過程就跟他們先前錄影異性戀伴侶之間的討論一樣。他們會先請同性戀伴侶彼此聊聊生活裡的話題，隨後要求他們討論最近無法達成共識的事情。他們得到許多值得注意的結果。就跟異性戀伴侶一樣，處在穩定交往關係中的同性戀伴侶，也會有熱戀、養育子女、出現歧異、爭吵、分手，以及相互扶持到老等情形。然而，當研究團隊比較同性戀伴侶與異性戀伴侶的互動時，就可看出其中的顯著差異了。在看過一卷又一卷的錄影帶之後，情況相當清楚，當兩位同性伴侶在討論事情時，展現出來的衝突模式非常不一樣。

研究團隊仔細剖析這些連續鏡頭時發現，與異性戀伴侶相較，兩位男性或兩位女性在爭吵時，比較不會做語言攻擊。而且在同性戀伴侶的互動中，雙方都會比較努力避免相互對抗、詰問的情況出現，也比較不會利用攻擊、支配等這類帶有掌控和侵略意味的情緒戰術。此外，同性戀伴侶比較會從正面的角度來看待、處理事情，不會像異性戀伴侶那樣容易採取負面的角度。簡而言之，同性戀伴侶之間的爭吵要比異性戀伴侶來得公平公正。

在研究中，男女出現的生理反應也不同。相較於異性戀伴侶，同性戀伴侶在爭吵時不太會出現心跳加速或腎上腺素上升的情形，爭吵後也比較容易和好，不會把爭吵時的情緒性字眼當成是對自己的攻擊一直放在心上。而異性戀伴侶在爭吵後，往往比較容易停留在生理上的激動、焦慮等感受裡。李文森博士說道：「當雙方陷入非常負面的互動時，同性戀伴侶比較能使用幽默與感情的方式讓自己往後退一步，以便繼續討論問題，不至於讓情緒直接爆發。」

男同性戀伴侶在衝突裡的「修補」表現，比女同性戀伴侶和異性戀伴侶來得糟糕。異性戀伴侶和女同性戀伴侶在爭吵後，比較容易修補雙方之間的裂痕。值得注意的是，異性戀伴侶在爭吵後，女性修補關係裂痕的技巧比男性高明。

伴侶之間的權力鬥爭

在同性戀伴侶的研究裡，還出現一個意料之外的發現：已婚伴侶在討論過程時的衝突，常常會出現「追趕方—疏遠方」或「要求方—退縮方」的動態模式。在這樣的婚姻型態裡，有一方會提出問題，然後要求對方改變或改善。但是當談論到婚姻裡的問題時，會讓另一方因為產生畏懼感而嘗試閃避問題（像是去看報紙、打開電視，或是挑一件家務事來做）。這種短暫閃避的行為會帶出不滿的心理（感覺自己被人「碎碎唸」了），而被避開的一方也會感覺受不了，因為認為自己被冷落而憎惡。這是很危險的互動模式，也是最容易導致不幸甚至離婚的婚姻模式。

在這樣的婚姻模式中，扮演「要求方」與「追趕方」的角色有八成是女性，總是急於詰問、討論問題。至於男性，一般來說則是屬於「退縮」的一方，會因為閃避責難而扮演「疏遠方」的角色。長久以來婚姻研究人員相信，這種「要求方—退縮方」的模式早就深植於性別。女性被教育成要會溝通、討論，以及表達感受，男性則普遍被教育成習慣隱藏情緒，並且從衝突中撤退。

對此，心理學家霍利（Sarah R. Holley）檢視六十三對同性戀伴侶和異性戀伴侶的衝突研究錄影帶，發現「要求方─退縮方」的模式平均出現在所有伴侶關係中，同性戀與異性戀皆有。這項研究發現告訴我們，「性別」並不是感情關係中一方提出改變的要求、另一方退縮的原因。霍利指出，「真正的原因是權力。」

感情關係中的權力從何而來？感情中擁有較多資源的一方，較容易取得權力。這些資源可能是較高的教育、較好的收入，以及較佳的社會地位。想想看一對情侶，如果一方有非常好的收入，而另一方卻收入很少，甚至沒有在外工作，當他們討論如何用錢（像是要不要來一趟奢華的家庭旅遊、該買哪一款車子），最後收入高的一方會做最終決定，或是擁有反對權力。研究結果顯示，在男同志中，年紀較大、較富有的男性在感情關係中擁有較大的權力。在美國的伴侶關係研究中，收入多寡正是男同性戀伴侶關係中決定誰是主導地位的重要因素。

如果雙方擁有社會地位上的差異，也會出現同樣的狀況。設想一對伴侶，一方是學校教師，而另一方則是政治人物、作家或知名演員，並且擁有較大的社交圈，來往對象是同樣地位的朋友或同事。當兩人討論社交活動計畫時，往往擁有相對光鮮亮麗工作或朋友的一方在關係中占有優勢而取得勝利。

對彼此關係的依賴程度，也是取得權力的原因之一。如果有一方對這段關係的歸屬感非常重，而另一方比較遲疑、反覆，比較遲疑的一方就取得了權力。歸屬感較重的一方，覺得沒有另一方就會「活不下去」，因此容易妥協。至於比較遲疑的一方，由於對爭吵甚至是分手的後果不那麼在乎，所以會堅持自己想做的事情。

要怎麼看出一段關係裡誰是掌握權力者？方法之一就是觀察伴侶之間的對話模式。當他們對話時，誰會開口打斷對方？誰說話時會被打斷？支配對話如何進行（例如在伴侶說話時打斷對方）就是一種信號，表示關係中出現權力不均。

權力失衡的主要指標，在於一方做出要求時，會遭到對方忽略或拒絕。李文森博士指出：「當一個人對親密關係有所抱怨時，是因為對現況不滿足。同理，當一方處在不快樂的感情關係裡時就會開始抱怨。而在關係裡得以予取予求的那一方往往不會認真考慮放棄自己的優勢。」

我們從同性戀伴侶的研究中學到的功課是，當兩人關係出現權力不平衡時，不應該歸咎於性別差異。李文森博士說：「就跟其他人一樣，我原先以為這就是男性和女性會做的事，但是這個研究告訴我們，不是『男性就是這樣』或『女性就是那樣』。這意味著問題還有希望解決，我們可以做些事情來改變情況。」

了解另一半的觀點

伊利諾大學香檳分校的心理學助理教授羅斯曼博士（Dr. Glenn Roisman），曾經負責一項針對兩百五十九對處於各種關係型態伴侶的研究。這些研究對象包括了一百零九對約會中的情侶、五十對已訂婚的伴侶、四十對已婚者，以及六十對同性戀伴侶。整體來看，男同性戀伴侶就跟異性戀伴侶一樣，對於另一半有很強的情感聯繫與忠誠度。他也發現，比起異性戀伴侶和男同性戀伴侶，女同性戀伴侶比較擅長解決感情衝突。

不過，羅斯曼博士還加入了一項有趣的小實驗。在研究「伴侶的溝通方式」項目時，他想知道性別或性吸引力是否是個重要因素。於是，他決定把互不認識的男女，依照相同性別與不同性別兩種組合各自湊成對。在實驗室裡進行實驗時，他請這兩組人馬一起合作，解開複雜的３Ｄ拼圖。研究結果發現，同性別組合比不同性別組合來得有效率。不管他們當中有無浪漫情愫的吸引，實驗結果顯示，跟同性別的人共事會得出比較好的成果。羅斯曼博士說：「當需要解決衝突時，同性別情侶或伴侶的優勢不必然是出於對彼此的情愫，反而比較可能是出於同性別的補強關係。我們也許比較能跟同性別的人一起解決衝突。」

「這並不代表異性戀伴侶在解決感情關係裡的問題時總是困難重重。而是說，異性戀伴侶要花更多時間或更多努力，去了解另一半的觀點。研究結果顯示，如果異性戀伴侶可以多關心另一半在乎的事、能夠有技巧的化解爭吵，那麼彼此在處理、解決衝突時，也可以獲得跟同性戀伴侶同樣良好的效果。」李文森博士指出，這正是穩固感情關係的「活性元素」。他說：「最好的建議，就是試著採取這樣的觀點，運用同理心嘗試以對方的觀點看待衝突。只是對於異性戀伴侶來說，可能得多做些功課。」

外在關係的重要性

同性戀伴侶有個顯著的特色，就是在情感關係之外，通常還擁有強大的社交人脈網絡。在許多異性戀關係中，夫妻的視野比較孤立，往往把絕大部分的焦點或注意力放在伴侶或孩子身上。這樣一來，對他們維持與家族和朋友的關係反而「扣分」，同時也會讓對方伴侶承受巨大壓力，因為他們對彼此來說就是「一切」。

但是同性戀伴侶不同，或許是因為他們不容易被原生家庭接納，因此傾向往外發展出廣大的交友網絡，而且與所屬的社群有緊密聯繫。

聖地牙哥州立大學的女性研究教授羅斯布倫（Esther D. Rothblum）博士說：「同性戀伴侶、單身者、男同志和女同志，並不會生活在核心家庭，反而會緊密聯繫所屬的同性戀朋友社群。他們會參加電影節、讀書會等活動，因為這樣的人脈網絡讓他們感覺很自在。僅僅是女同志的身分，就能讓她自動獲得某社群的成員資格，異性戀情侶可無法獲得這種待遇。」

羅斯布倫博士表示，研究結果顯示同性戀伴侶通常有比較多的情緒出口，來處理感情關係中的緊張和壓力。他說：「異性戀男性常會說妻子是他們最好或唯一的朋友，一旦妻子出事或與自己離婚了，他就失去了整個社交圈。我認為，可以跟朋友一起做些什麼事，或是打電話向某些人抱怨時，都是比較健康的。同時因為你還擁有伴侶，於是當壓力出現時，這些都是相對多元的應對方式。」

麻州大學的心理學家葛斯戴（Naomi Gerstel）和波士頓學院的薩奇森（Natalia Sarkisan）都發現，相較於單身者，已婚者跟親戚之間的往來較為疏遠。相較於其他單身親戚，他們不太會拜訪或打電話給父母和其他家庭成員。婚姻會切斷夫妻跟相對較大社群之間的聯繫。已婚者比較可能不跟鄰居往來，或是幫助朋友。已婚者對於政治比較冷漠，不太會去參加集會或簽名請願之類的活動。

我們從同性別研究中學到的重要功課是，在婚姻之外的強大友誼圈有助於紓解婚姻中的壓力，幫助自己跟配偶釐清事情，最終保護婚姻避免無謂的壓力和紛擾。友誼對婚姻來說，是件好事。

當性別與教養無關時

在多數婚姻中，孩子的教養責任比較常落入性別的窠臼，女性會擔負絕大多數的養育工作。但是同性戀伴侶無法依照性別差異來分配教養責任，於是這些同性別家長的研究，可以幫助我們了解異性戀父母在這方面所面臨的角色與挑戰。

加州大學的夫妻檔教授寇文夫婦，畢生的研究重心都聚焦在婚姻和孩子身上。他們設計出一份問卷，研究夫妻在家務事與孩子教養的職責分配。他們要求夫妻針對「目前的情況」與「我的期望」作答。研究結果顯示，異性戀伴侶在家務事的分配上往往相當不公平。

維吉尼亞大學的心理學教授派特森（Charlotte Patterson）以女同志伴侶為研究對象，發現她們的答案跟異性戀伴侶非常不同。女同性戀伴侶在家務事的分配上展現了比較多的公平性，也不太會出現「我希望事情可以更……」的抱怨。派特森博士也審視了家庭以外的工作時間。她發現，異性戀家長和男同志家長每週同樣總共付出大約七十小時在工作上。但是，在異性戀夫妻中，是由丈夫負擔比較多賺取收入的責任，每週大約工作四十七小時，妻子則是工作二十四小時。女同志家長則幾乎同樣都是每週外出工作大約三十五小時。

女同志家長的衝突主要來源之一，是孩子的養育問題。多數異性戀夫妻爭吵的是某一方（通常是丈夫）沒有分擔工作，女同性戀伴侶爭吵的則是一方覺得自己被排除在養育孩子的職責之外。洛杉磯加州大學精神病學家賈瑞爾（Nanette Gartrell）所主持的「全國女同志家庭研究」結果顯示，女同志母親常常抱怨沒時間陪小孩。

親生母親以母乳餵哺嬰兒是常見的衝突來源之一，因為另一位母親會覺得自己被排除在外沒有參與感，因而引發衝突。值得注意的是，在母親以母乳餵哺嬰兒的期間，常常也是異性戀伴侶感覺彼此失去親密感的苦悶期。然而，女同志感情關係中的特徵之一，就是彼此會盡力保持平衡，通常雙方會花費很多時間討論，去了解和正視對方不快樂的原因。女同志母親通常會允許對方用奶瓶餵奶，並且把其他的例行事務交給非親生母親來做，例如幫嬰兒洗澡等。

「完全平等」的婚姻是否可能？

幾年前，我問了坐在隔壁的同事，一些關於他兒子的足球隊和他女兒的芭蕾舞課程，他只給了我一個困惑的表情。他的妻子是個忙碌的銀行經理，儘管我同事的工作在夫妻倆比較有彈性的那一方，卻還是由他的妻子一肩挑起安排孩子課後活動的職責。他聳聳肩，承認這樣的安排實在沒啥道理可言。

如果你有機會問我這位朋友和他的妻子，兩人都會告訴你，他們是屬於「完全平等」的婚姻模式，其中妻子甚至還是家中主要的經濟來源。從他們的婚姻其他部分看來，其實還是落入了性別的窠臼。雖然丈夫的確有「幫忙」購物、料理與帶孩子，然而大部分的家務事主要還是由妻子處理。

不論男女，往往都表示他們理論上很重視婚姻關係中的平等性，然而挑戰就是如何在生活中實踐。在本章一開始，我們提到心理學教授杜斯克曾經研究兩對教師與醫生的夫妻組合。她指出，即使曾經表示自己期待的是平等的婚姻關係，夫妻往往發現理想和現實並不一致。

先不論職業類別，雙薪伴侶會出現問題的地方在於，兩人常常都認為女方的工作比較有彈性。這種臆測或許帶有某些真實性，亦即女性比較願意縮減工時或提早下班來配合家庭的需要。杜斯克博士說：「性別因素成為我們觀看世界的濾鏡。女性會去找老闆商量，在職場上尋找讓工作更有彈性的方法。我猜，男性並不會像女性這樣，願意去和老闆說這種事。我在自己的研究裡已經找到了證據。」在一場訪問中，杜斯克採訪一名男性郵務人員。對方表示在他這個行業裡，時薪制工作或彈性班表是完全不可能的事，但在同一場採訪中，他卻不斷提及他有個女同事的工作時間相當彈性。杜斯克在訪問一名男性內科醫師時也遇到同樣情形，他說自己沒有選擇，一個星期必須超時工作四十小時，但同時他也承認，有位女同事卻找到方法可以不用上全天班。她說：「女性面對的壓力是找出方法結合工作和家庭，這意味著她們會仔細檢視工作，找出其中的縫隙（或是漏洞），好讓自己的工作可以更有彈性。而男性卻直覺的認定，無法讓自己的工作更有彈性。」

杜斯克博士承認，要求工作時間更為彈性，或是把輪班時間調成時薪制，的確會對一個人的職涯產生影響，而且這種危險並不會只發生在男性身上。她說：「男性會覺得如果提出這種要求，別人在職場上就不會對他們認真看待。然而這樣的後果同樣可能發生在男性或女性身上，只是在這種魚與熊掌不可兼得的情況下，女性比較願意接受交換條件。」

杜斯克博士自創了「教養責任均分」（equally shared parenting）的新詞，來描述這類完全均等關係的婚姻模式。她指出，異性戀婚姻關係要達到平等，男女雙方都必須捨棄對性別角色的傳統認知。但是，這些角色認同早在結婚前就已經深植於心了。舉例來說，某對夫妻在孩子出生後，其中一方（或雙方）考慮是否不再那麼在乎工作，然而就在他們面對抉擇的當下，早就已經受到幾年前決定的影響了。或許丈夫想把多一點時間留給家庭，然而妻子在大學主修的是歷史，丈夫則是擁有商業管理的碩士學位。站在家庭經濟收入的潛力來看，讓妻子把重心回歸家庭，好讓丈夫可以繼續全職的工作，應該是比較理所當然的選擇，因為整體來說丈夫賺錢的能力遠勝過妻子。

杜斯克博士指出，在婚姻關係中追求平等所面臨的挑戰，不應該怪罪於社會化的制度，因為這等於是說，我們必須等待整個世代結束之後，事情才會有所轉變。但是歷史卻告訴我們，當人們已經習慣於社會中的某種思維（不論是種族主義，或是女性不應該追求自己的事業等）時，仍然可以在相對較短的時間內做改變。舉例來說，雖然女性被社會教育成管理家務事的角色，但是一九五〇年的已婚女性卻受到女權運動的影響與刺激，而走出家庭、投入職場。杜斯克博士發現，要看一對夫妻是否平均分擔家務事，最具指標性的關鍵就是觀察與他們來往的朋友。擁有平等關係的夫妻，通常往來的朋友也在各自的婚姻裡與另一半維持平等關係。

其他研究人員也發現，真正的「完全平等」婚姻會面臨重重挑戰。在一份上百對已婚者和同居伴侶的調查研究中，婚姻關係學者史瓦茲（Pepper Schwartz）偶然發現，其中有幾十對伴侶的關係很不一樣，這個現象讓她苦思不已。這些伴侶繞過了傳統的性別角色（至少在表面上看起來如此），達到真正婚姻平等的境界。在與大約三十組已婚伴侶受試者的談話中，她發現他們的婚姻基本上都屬於公平和平等的混合。每一方根據自己的所得貢獻出時間和金錢，而且在家裡都享有平等地位。讓史瓦茲博士驚訝的是，這些夫妻並不刻意追求最大的公平性，反而很享受這種在婚姻中的「緊密夥伴關係」：一起分擔家務、責任，並且公平的做出各種決定。史瓦茲博士將這樣的合作關係婚姻模式稱為「同儕婚姻」（peer marriage）。

測驗 12

你的婚姻屬於同儕婚姻嗎？

請看完題目敘述，然後勾選出答案「是」或「否」，看看你的婚姻有多接近同儕婚姻的標準

1. 分擔家務事和養育孩子的責任，夫妻採取完全公平或幾乎公平的方式並且分攤比率不超過六〇／四〇。

Ⓐ是　Ⓑ否

2. 夫妻雙方都相信，在做重要決定時，另一半享有同樣的影響力。

Ⓐ是　Ⓑ否

3. 夫妻雙方都認為，家中的金錢另一半享有同樣的控制權。

Ⓐ是　Ⓑ否

4. 當夫妻制訂計畫時，雙方分擔的工作份量相當。

Ⓐ是　Ⓑ否

如果以上四題你的答案都是「是」，聽起來也許相當了不起。事實上，這種婚姻關係也不見得完美，因為常常需要做些犧牲，對很多夫妻來說，是做不到或根本不願意做的事。史瓦茲博士發現，這樣的夫妻時常面臨來自社會規範的挑戰，往往跟他們想要追求的目標背道而馳。持續把焦點放在平等，往往會產生過大的壓力。在決定家務事分工和孩子教養的角色上，照性別角色做事比較不必花腦筋，而為了達到兩性平衡，需要下的功夫也就複雜得多。

設想有對夫妻已經結婚十三年，妻子想要住在紐約，繼續她在媒體的工作，同時可以跟她住在東岸的家人距離近一些。但是丈夫想要住在舊金山，因為那裡是他的家鄉，如此也可以跟他的家人近一些。治療師指出，唯一公平的解決辦法就是每兩年換城市居住，以及替換家中主要經濟來源的角色。他會建議這對夫妻可以先住在東岸幾年，重心放在妻子的工作和她的家人，兩年後再搬到西岸，改變重心放在丈夫的工作和他的家人。

這聽起來絕對公平，卻很不實際，同時也行不通。如果婚姻裡只注重公平和均等，沒有一方可以在職場上得到真正的動力。在這個案例中，所謂「公平」的解決辦法，也無法讓他們跟任何一方的家人真正維持長遠的關係。

儘管同儕婚姻常常需要夫妻雙方緊密合作，但是有些夫妻反映，他們沒有太多熱烈的性生活。可能原因之一，是性張力常建立在陽性和陰性的角色上，同儕婚姻弱化了性別角色，反而強調友誼和平等。在建立美妙夥伴關係的同時，卻也帶走不少感情關係中的火辣部分。

除此之外，很多夫妻都有自己在職場上想要追求的目標與對財富的渴望，這也會使得這種婚姻關係更加顯得不切實際。在同儕婚姻中的夫妻常常會降低自己在職場上的野心，而選擇可以讓工作更有彈性、不需要常加班或出差的工作。如果身為主管，需要長時間待在辦公室或外出談生意，根本無法承擔一半的家務事或養育孩子的責任。

透視完全均等的婚姻

事實的真相是，婚姻中的一方甚至雙方，通常都不想處理「完全平等」婚姻中所面臨的挑戰和選擇。但是就算你不想建立同儕式的婚姻，仍然可以從這類型的夫妻身上學到一些事情。

馬克和艾美是一對試圖建立「教養責任均分」婚姻關係的夫妻。妻子艾美是個藥劑師，而丈夫馬克則在一家行銷公司負責資訊科技方面的業務。夫妻兩人每週都要花上整整三十二小時的時間在工作上，但是他們重視對方甚於各自的工作。由於重心擺在家庭而不是工作，所以他們對事業沒有強烈的企圖心，彼此都會為了擁有更多家庭時間而願意犧牲大筆收入。

馬克表示自己希望過平衡的生活，有時間養育小孩、陪伴妻子，以及跟好友一起打網球，同時他仍然希望在家庭之外有份工作。艾美則表示，自己也希望在工作和家庭生活之間取得平衡，意思是她不希望只做個百分之百的家庭主婦，跟其他許多母親一樣家務事一肩挑。他們夫妻會分配家務事和教養責任，一起做所有決定。

杜斯克博士指出，馬克和艾美所表現的只是教養責任均分模式中的一種，需要夫妻雙方在工作上放緩些，把重心放在家庭生活。另一種可以達到教養責任均分的婚姻關係模式，是夫妻在各自的工作全心衝刺，家庭事務則僱人幫忙打理，這麼一來就不需要把家務事負擔加諸到夫妻任一方。第三種架構平等婚姻關係的模式，則是以上兩種模式的混合。夫妻雙方努力在工作上打拚，同時尋求可以讓工作更具彈性的作法，因此不需要把家務事和孩子的教養責任全部委外處理。杜斯克博士說：「我想，還是有可能找出方法達到這個目標，卻又不致犧牲個人志向。如果男性可以稍微妥協，女性就不必做出大部分的妥協了。」

我在芝加哥一場婚姻與家庭會議的專題討論小組遇見馬克和艾美，他們快樂的講述許多教養責任均分婚姻的好處。等到座談時間，我忍不住表達自己對這種婚姻關係模式的懷疑：我確實沒見過幾位男性願意提早下班回家做晚餐，放棄對職場生涯的企圖心、放棄一週工作三十二小時的正規收入，來換取所謂的「平衡的生活」。

馬克跟艾美承認，要男性打破性別角色，把換尿布這種事當成工作般熱忱看待的確很困難。無庸置疑的，像馬克這樣的男性並非多數，但是他相信，如果家人、朋友，甚至是妻子，可以多給予支持，一定會有愈來愈多的男性願意擁抱教養責任均分的婚姻模式。艾美也指出，教養責任均分婚姻模式最大的阻礙，並非總是來自男性。她常用一個故事舉例做說明。當她結束四個月的產假，準備回到辦公室上班的第一天，她寫了一張工作清單給丈夫，上面是關於寶寶午睡及餵食的時間表。當她拿給馬克時，馬克卻把清單撕成兩半，因為他非常清楚要怎麼照顧自己的孩子。

如同我們在這本書一開始所說的，女性通常不太願意交出家務事及教養孩子的控制權，特別是當她們與丈夫對於清潔和教養孩子各有不同標準的時候。平等的教養模式意味著，當一方在清潔和看顧孩子的方式跟另一方不同時，我們有時反而會被這模式反咬一口，或是讓事情往反向發展，例如撢灰塵的次數不同、洗衣服沒有分類，或是應該在孩子睡前輕柔的說故事卻反而跟孩子大玩特玩。平等的教養模式也意味著，有時候要讓父親決定孩子該穿什麼衣服、規劃慶生派對，以及聯絡學校教師討論事情等。對女性來說，這意味著要讓出如何使家務事順利完成的權力，自己退居二線，信任丈夫會記得幫孩子準備校外教學的午餐，或是會準時帶孩子去看牙醫等。然而真實情況卻是，很多女性並不相信自己的丈夫能夠記住這些事情。

來自俄亥俄州博林格林州立大學的肯尼（Catherine Kenney），進行了一項對全美主要二十座城市一千零二十三對夫妻的研究調查。她發現，通常妻子握有與照顧孩子及學校事務相關的權力，比較願意讓丈夫規劃孩子的戶外活動。俄亥俄州立大學哥倫布分校的兒童發展助理教授蘇利文（Sarah Schoppe-Sullivan）曾經研究九十七對夫妻，發現如果母親（或伴侶）從旁積極鼓勵，父親就會對嬰兒有更多的參與感。艾美說：「女性會說我們願意這麼做，但是當她們真的必須放手時，卻又顯得不怎麼開心。」

建立友誼婚姻模式的功課

著名性學大師金賽的同事崔普（Clarence Tripp），曾經在一九七五年指出，許多檢視同性婚姻關係的人，是透過丈夫／妻子的參考模式來試圖了解他們。在檢視同性關係時，研究人員往往會問到：「哪一位是丈夫？哪一位是妻子？」

直到現在，這個想法都沒有太大的改變。在某一集〈大衛．賴特曼的深夜脫口秀〉（Late Night with David Letterman）節目中，主持人賴特曼談到洛杉磯的同性婚姻法案時曾經這麼說：「所以現在呢？男同志得要問問自己這個大問題：『誰要來開車？誰要來碎碎唸？』」

問題就在於，很多夫妻相信傳統的丈夫／妻子角色，是唯一在婚姻裡應該出現的角色。但是關於同性婚姻的研究結果卻顯示，他們是建構在好友模式這種完全不同的基礎上。這個模式，足夠可以為異性夫妻提供重要的洞察與見解。

史瓦茲博士主持的「美國夫妻調查」（the American Couples Survey）研究結果指出，相較於異性戀伴侶，同志伴侶在日常作息的互動上展現許多明顯的不同。此外，男同志伴侶之間有比較多相同的興趣，會花更多時間與對方相處，在分配家庭事務上也更為公平。事實上，他們的關係看起來很像我們在前面所提到的同儕婚姻。

許多同性戀伴侶的研究結果都發現：家務事分配的平等性。萊特州立大學的研究人員庫達克（Lawrence A. Kurdek）曾經進行好幾項研究，比較同性戀和異性戀伴侶關係的異同。他發現，同志伴侶比異性戀伴侶更有可能將另一半視為好友，也比較嚮往擁有平等的伴侶關係。庫達克博士在一份比較男同志、女同志和異性戀伴侶的研究中發現，毫無意外的，在異性戀伴侶關係中的妻子做了絕大部分的家務事，但是在同志伴侶的關係裡，家務事則是由雙方平均分擔。

在另一份比較異性戀家長與同性戀家長的研究裡，聖地牙哥州立大學女性研究教授羅斯布倫博士發現，在異性戀婚姻中，妻子一貫的扛下了家裡主要的家務事責任，每週平均花費十一到二十小時整理家務，而異性戀婚姻中的丈夫卻只貢獻了大約六小時的時間在這上頭。相反的，同性戀家長之間的差異卻沒有這麼明顯，他們都表示每週大約花六到十小時在做飯、打掃，以及其他家務事。

二〇〇〇年，佛蒙特州立法通過同性戀婚姻後，羅斯布倫博士和兩名分別來自佛蒙特大學和華盛頓大學的研究夥伴就進行了一項為期三年的研究，持續追蹤該州宣布同性戀婚姻合法的第一年，就登記結婚的六十五名男性和一百三十八名女性。同時，另外又招募了八十四對同性戀伴侶，他們都是這些研究對象的社交往來朋友，只不過這些人沒有登記結婚。此外，他們也找來了五十五對異性戀伴侶，每對伴侶中至少有一方是研究對象的兄弟姊妹。研究同志伴侶兄弟姊妹的主要優點是，可以在這項同性戀伴侶關係的研究調查中，提供相同的種族和人口統計學方面的背景。全部加總起來，總共有三百四十二對伴侶加入了這項研究計畫。

這項研究調查的目標，是透過詢問為數眾多的問卷題目，比較伴侶如何處理引發爭吵的常見因素，例如家務事、房事與金錢等。透過異性戀伴侶的調查結果可以看出，女性做了絕大多數的家務事，而男性比較可能扛下家庭經濟的責任。在異性戀婚姻中的男性比較會主動求歡，然而女性則比較可能是拒絕的一方。當夫妻發生爭吵時，女性比較可能主動跟對方討論關係裡的問題。

然而，在同性戀伴侶關係的研究中，上述的二分法當然不可能發生。伴侶之間傾向公平的分擔家務事責任，雙方花在家務事和管理金錢上的比例幾乎相等，彼此之間對性享有共同興趣，在處理衝突的討論上也有相同模式。值得注意的是，在伴侶的爭吵次數這項調查中，看不出明顯差異。同志之間起衝突的頻率跟異性戀伴侶的頻率相同。儘管如此，同性戀伴侶的關係滿意度調查分數還是比異性戀伴侶高。

以上這些，對一般夫妻來說到底有何意義？這些調查結果指出，衝突不是婚姻裡幸福感消退的理由。相反的，性別角色和異性戀伴侶婚姻關係裡的刻板不平等現象，卻可能讓婚姻付出重大代價。處在異性戀婚姻關係中的女性，之所以會主動提出解決衝突的討論，是因為她們發現在家務事分配及決策權力上的不公平。一般來說，妻子都肩負了絕大部分的家務事與家庭責任，但是在婚姻裡掌握的權力卻遠比丈夫小了許多。羅斯布倫博士說：「異性戀婚姻中的妻子，對於自己必須做這麼多事滿懷憤怒，因為這不僅與家務事分配有關，也跟婚姻關係有關。她們的角色跟同性戀伴侶及異性戀婚姻關係中的丈夫都很不一樣。」

從同性戀伴侶和異性戀伴侶的同儕婚姻模式調查數據中我們學到，每對伴侶都需要仔細檢視關係中壓力出現的源頭。那些以為爭吵是關係裡最大問題的夫妻，或許會發現真正的問題不在爭吵，而是權力的不平衡與關係裡的整體不公平感受。

12

擁有，也要天長地久

安德森爵士（Robert Anderson）：「任何超過一星期的婚姻，都有可能破碎。重點在於持續的找出這些足以破壞婚姻的危險。」

關於我自己的那段婚姻，印象最深刻的一幕就是結婚當天。二十一歲的我穿著白紗，在德州奧斯汀某間教堂的休息室裡做最後的打扮，準備步上紅毯。就像很多新娘，我專注在當下的每一分鐘。我聽到了四重奏樂團在演奏帕海貝爾的卡農，一發現他們奏錯我所指定的片段，我的臉立刻就沉了下來。父親以為我必定是為了即將進行的婚禮感到緊張，特別靠過來安慰我，低聲說：「你做了正確的決定。」

這句話聽起來，應該很有安慰的效果。偏偏我聽錯了，把那句話聽成「你做了正確的決定嗎？」

接著，樂團換了演奏的音樂，婚禮進行曲開始了。我的雙腳開始往走道移動，

「你做了正確的決定嗎？」這個句子一直在我耳邊不斷複誦。在那當下我明白了。花了幾個月時間選擇合適的婚紗、合適的婚禮音樂、合適的新娘捧花，以及合適的婚宴地點，卻沒想過真正的重點：我選到適合我的人了嗎？

很幸運的，我選的這位男性有很多優點，但是我們的婚姻卻是充滿挑戰。儘管彼此相愛，但也經歷過不少慘痛教訓，有時候光靠愛情是不夠的。最後，我們的婚姻在十七年後的紐澤西法院劃上句點，以離婚收場。在當下那個看似非常殘酷的時刻，離婚法庭的法官要我們各自確認結婚當天的日期和地點（紐澤西州的離婚法顯然是落伍了）。法官的問題喚回了十七年前那一天的回憶，如潮水般一一湧現在我的腦海裡，包括走上紅毯時那段思緒紛亂的過程。當法官準備宣布我們正式離婚時，我跟前夫轉過頭感傷的對望，好像在緬懷兩人以夫妻身分共處的最後一刻。

此時，我問自己：「我們做了正確的決定嗎？」這樣的不確定感，讓我想要深入了解，我們的婚姻到底是在哪裡、在什麼時候、為了什麼出差錯。因為這樣的緣故，我開始接觸大量關於婚姻和感情的科學文獻，結果驚訝的發現，我的婚姻早在一開始就布滿了種種危險因子。如果我可以早一點知道，我跟前夫就可以及早找出解決的辦法來挽救婚姻，也或許可以早幾年確認彼此果真存在無法彌補的差異。

婚姻的型態

在一份追蹤長達三十年的美國離婚研究報告裡，研究人員海瑟靈頓（E. Mavis Hetherington）確認了婚姻的五種型態。她發現，多數婚姻都繞著衝突的方式旋轉。其中，「契合且獨立型」和「傳統型」比較可能隨著時間經過更顯穩定。至於另外的「你追我跑型」、「自由型」，以及「戲劇型」，則會讓夫妻陷入離婚的高風險。

一、契合且獨立型婚姻：這類婚姻型態的夫妻非常能夠在「一起」和「分開」的時間取得平衡，不會在醒著的時刻分分秒秒都要跟對方黏在一起，同時卻又顯得十分親密。海瑟靈頓博士形容，這類型的夫妻算是「文化上的契合」，因為他們具體實現了很多嬰兒潮世代的價值觀，其中之一便是性別平等。這些夫妻仍然有傳統世代的親密感，在家時會一起分擔責任，但在「我們」這個婚姻的大框框之下仍然保有個別差異。

海瑟靈頓說：「婚姻提供庇護的功能，讓丈夫和妻子在外奮鬥一整天後回到家，尋求復原、支持、愛慕和陪伴。」在海瑟靈頓的研究中，此類型夫妻的離婚率是倒數第二低。當其中一方開始把更多心思放在「自我」的那一半時，婚姻就會顯得薄弱而出現離婚的可能。就如海瑟靈頓所解釋的，當其中一方開始強調「我」而不是「我們」的時候，離婚的風險就提高了。

二、傳統型婚姻：傳統型婚姻被界定成「男主外，女主內」，這類型態的婚姻離婚率最低，不過並不代表夫妻一定幸福快樂。要想維持傳統型婚姻，雙方都必須滿意並且恰如其分扮演好自己的角色，同時也能從配偶身上感覺到應有的敬意。如果有一方改變（尤其當妻子想到外頭工作時），這種婚姻就會出現緊張和壓力，甚至走到難以修補的地步。

三、你追我跑型婚姻：在這類婚姻型態中，有八成的追趕者是女性，急切的想要質問、討論問題。男性則通常是那個想要逃避退縮、迴避質詢的人。通常都是妻子先把問題說出來，丈夫則是抗拒對話，然後藉由看報紙、開電視，或是盯著食物看而迴避問題。最後，被追的一方會因為受不了不斷叨唸而變得憤怒，追趕者也會覺得自己受夠了被忽視的感覺而逐漸沉默。於是，被追的一方開始感覺到追趕者「冷漠的蔑視」與「可能會失去她」的痛苦感受，但是當妻子走出家門時，丈夫仍然對狀況一無所知，根本沒有想到會發生這種狀況。同時，妻子則會把丈夫的退縮視為「不愛她了」的證據。

悲哀的是，這種婚姻型態裡的丈夫時常覺得自己對妻子的愛意非常明顯，不需再多做什麼事來表現，卻忽略了另一半感受到的是極度不開心。然而，你追我跑型的婚姻關係卻經常被浪漫化。二〇〇一年，以色列研究學者奎姆（Daniela Kramer）

和摩爾（Michael Moore）隨機選擇一百本英國出版社的言情小說，發現其中的故事情節有將近四分之三都屬於「你追我跑」的婚姻型態。如果你有讀過這些言情小說，相信一定只能得出以下結論：「婚姻是建立在追趕和迴避這兩個主題上。對於平等的伴侶雙方來說，沒有其他健康的角色可以選擇。」這些研究者這麼寫道。

這種型態的婚姻關係也常被稱為「追趕—疏遠」模式、「要求—退縮」模式、「嘮叨—退縮」模式，或是「拒絕—侵入」模式。這是發生婚姻危機最高的類型，也最容易導致不幸福和離婚。所幸，當夫妻能夠發現陷入這種模式時，仍然有能力改善自己的行為。柏克萊大學的李文森博士認為這是診斷的信號，警示感情關係裡出了一些差錯，就像我們在開車時看見前方的紅燈。一旦陷進「一方不快樂，另一方不願意討論或妥協」的模式時，不可以讓它繼續下去，得把情況平衡過來，因為不快樂的一方必須得到某些東西，而快樂的一方必須付出某些東西。

四、自由型婚姻：這類型的婚姻，結合了兩個已經能自給自足的個體，他們「害怕或不需要利用親密關係來得到快樂和幸福感」。通常這類型的夫妻缺乏共同的興趣、相同的價值觀，以及大致相同的家庭背景。自由型婚姻的夫妻不常爭吵，事實上就日常作息來說，他們是不太需要對方的。問題在於，這種婚姻型態裡的男女不認為夫妻生活跟單身有何二致，此外他們也缺乏相互的愛慕和扶持。海瑟靈頓博士指出，這類型的婚姻位居離婚率第二高，僅次於你追我跑型的婚姻。一旦某方或雙方開始抱怨的自問「難道生活就是這樣嗎？」，婚姻也差不多壽終正寢了。

五、戲劇型婚姻：這類婚姻型態的特徵是，有非常戲劇化的高潮和低潮，夫妻的情緒很容易爆發，吵架後經常以做愛收場。海瑟靈頓博士認為在所有的婚姻型態中，該類型夫妻的性生活滿意度位居第一。這種「床頭吵、床尾和」的循環模式通常也能運行，問題就出在吵架的方式，往往有人出言不遜以至於傷害了婚姻關係。當其中一方（尤其是丈夫）覺得何必為了一時的歡愛而陷入沒完沒了的爭吵時，婚姻關係也就結束了。

你跟配偶如何溝通？

現代人的婚姻研究指標在於雙方互動。為此，科學家錄下上千卷夫妻對話的錄影帶，並且利用電腦支援的編碼程式拆解這些互動模式，回到最基本的元素做分析。最後得到的結果是，某些互動模式會為婚姻帶來不幸，甚至離婚收場。

首先，是迴避衝突。《紐約客》（The New Yorker）曾經刊登一則漫畫，畫中的妻子怒目瞪著正在看電視的先生說：「我已經說『我不想吵架』了，現在應該換你說『對不起』。」這則漫畫神奇的捕捉了一項可能造成離婚的危險因素。如果夫妻習慣性的避免爭吵，會以為自己只是簡單選擇了安靜平和的道路，但是真實的情況卻是：他們只是把婚姻推向危險。因為衝突把夫妻放到同一個位置，好解決彼此之間的差異，因此迴避衝突代表的意思就是問題「無法解決」。

一份研究持續追蹤結婚剛滿三年的夫妻。當研究調查開始進行時，那些幾乎不吵架的夫妻有最高程度的幸福感。三年過去，很多事也改變了。那些原本吵得很厲害的夫妻表示，自己的婚姻滿意度有很大的進展，彼此之間許多差異已經解決，也能享受目前的生活。至於當初和平相處的夫妻呢？三年過後，許多人已經準備商討離婚了。當一些事造成紛擾時，他們選擇沉默來避免衝突，殊不知反而錯失強化彼此關係並且隨之成長的重要機會。

其次，是表現輕蔑之意。如同我們先前所討論的，一旦夫妻溝通時出現輕蔑的信號，就表示這樁婚姻大有問題了。某些輕蔑的話語和肢體語言，像是不願意正眼看對方、直呼對方全名、口出穢言及羞辱等，都屬於輕蔑的信號。婚姻專家表示，輕蔑是預測離婚最具代表性的徵兆。

最後，感到幻滅與失望。當你發覺自己的婚姻跟原先期待的不同，或是對生活感到失望，也代表婚姻亮紅燈。奧斯汀德州大學研究了一百五十六對新婚夫妻後發現，他們對婚姻關係初期感覺到的幻滅，正是預測未來是否離婚的重要信號。此外，聽男女雙方如何講述彼此的初遇故事，也能判斷他們有沒有對婚姻感到失望。

不忠的原因

一九八〇年，三所大學聯合進行一項研究，持續追蹤兩千名以上男女長達十二年的時間，期間這些受試者也經歷了結婚、離婚、再婚等不同人生階段。研究結果發現，那些在一九八〇年就動過離婚念頭的人，後來的離婚比率是從未有過這種念頭的人的九倍！只要有過離婚的念頭，就表示你不排斥這想法，自然容易朝著這個方向前進。一旦你或伴侶提起離婚，就表示你們的婚姻已經陷入非常嚴重（甚至無法修補）的大麻煩了。

測驗13 評估你的婚姻風險

為了幫助夫妻明白自己的婚姻關係狀況如何，丹佛大學的史丹利（Scott Stanley）以及馬克曼（Howard Markman）提供以下的評估測驗。馬克曼說，夫妻應該認真看待做完測驗後所得到的分數，同時也要明白，婚姻關係中還是有很多因素沒有被囊括進去。他也提到，測驗結果落在「高」以及「中高」區域的夫妻們應該認真看待此結果，才能了解自己的婚姻正通往何處，同時採取一些方法（像是去度個假之類的），扭轉負面的婚姻狀態。試著回答下列情況的發生頻率。（1 不曾發生或是幾乎沒發生過；2 偶爾；3 經常性）

（　）1. 小爭吵逐步擴大成為激烈的吵架，言詞夾雜了控訴、批評、直呼對方全名，或是帶出過往的傷痛。

（　）2. 我的伴侶會批評或看輕我的意見、感受、渴望。
（　）3. 我的伴侶似乎都會把我的語言或舉動解讀成負面意思，實際上我並沒有那個意思。
（　）4. 當有問題需要解決時，感覺上我們是站在對立的位置。
（　）5. 我隱藏心裡真正的想法和感受，不告訴我的伴侶。
（　）6. 我在這段婚姻關係裡感覺很寂寞。
（　）7. 當我們有所爭執時，總有一方會退縮。也就是說，不想再談論該話題或直接離開現場。

測驗分析——

七至十一分：綠燈。如果你的總分落在這範圍內，表示你的婚姻關係目前良好，甚至很美滿。

十二至十六分：黃燈。如果總分落在這個區域，就要注意了。也許你在現階段的關係中感到快樂，但是分數顯示出警告信號，如果你不希望情況往壞的方向轉變，就要採取行動來保護、改善所擁有的一切。現在，花些時間來強化你跟伴侶的關係，或許是你對兩人的未來所能做的最好事情了。

十七至二十一分：紅燈。如果你的總分落在這個範圍，停下來，好好思索你跟伴侶到底要走向哪裡。這樣的分數指出，你們現在的相處模式可能會為彼此的關係帶來明顯的危機。你可能正往麻煩前進，甚至已陷在其中了。

資料來源：PREP公司同意授權使用，並從《為你的婚姻奮戰》ationship.com見到（Fighting for Your Marriage）一書中摘錄。以上測驗也可在loveyourrelationship.com見到。

艾倫葛美克機構（Alan Guttmacher Institute）進行了一項指標研究，試圖找到出軌的危險因素。在什麼樣的情況下、什麼樣的性格特質，或是什麼樣的過往經歷，會增加一個人不忠的機率呢？研究分析對象包括了一九九二年參與「全國健康和社交生活調查」的已婚或同居男女，總共兩千五百九十八位，年齡介在十八到五十九歲之間。訪談方式包括面訪及問卷，題目含括了社會背景、健康情況、生育能力、性行為，以及對性的看法與態度和遐想等。綜觀來看，出軌的比率其實相當低，只有一一%的受訪者承認自己曾經外遇。科學家同時也發現，外遇跟以下特定危險因素互有關聯：

男性本色：調查中，男性外遇的機率是女性的兩倍。儘管有可能是女性比較不願意承認，不過多數研究結果都支持「男性比較可能不忠實」的說法。就算沒有別的理由，男性也比較有機會離開家並且接觸到外面的世界。

一天到晚老是想到性：如果一直想著性，那麼這個人發生外遇的機率也會高出三成。

過去有很多性伴侶：婚前性伴侶愈多，外遇機會就比其他人高。

住在都市：住在市區的受訪者，外遇情形多出五〇%。這或許代表住在城市有比較多機會發生外遇。

長期感情平淡：外遇看起來像是無聊或期望幻滅的副產品。伴侶共同生活每增加一年，外遇的可能性就提高一%。

同居：沒有婚姻關係的同居受訪者，彼此的外遇機會是其他人的兩倍。

婚前就住在一起：婚前就同居的男女，外遇機率比其他人多出四〇%。真正原因還不清楚，或許是因為這些在婚前就同居的受訪者比較願意承認有過外遇，也或許意味著同居伴侶對於彼此的關係尚未十分確定，因而使他們比較不願意承諾，進而增添走岔路的可能。

不幸福：處在不幸福關係裡的伴侶，大約有三〇%的機率發生外遇。

這份調查結果同時也發現，某些因素會使伴侶對彼此忠實而不容易發生外遇，這些因素包括：

不認同婚外情：不認同婚外情的受訪者中，有五成的人不會出軌。

彼此有許多共同朋友：當伴侶彼此有共同的社交網絡時，外遇機率減少三成。

值得注意的是，伴侶的宗教、教育及年齡等差異，工作場合中的性誘惑機會，以及自己獨自一人上教會的頻率等，對外遇的可能性並沒有顯著影響。

另一個會增加外遇機率的危險因素是網路。臉書、MySpace 等平台提供人們有更多機會線上調情，或是與舊情人重新取得聯繫，特別是出差在外或夫妻感情已有嫌隙時，這樣的誘惑更容易趁虛而入。二〇〇八年，華盛頓市調公司「佩尤網路與美國生活計畫」（Pew Internet and American Life project）的調查數據顯示，使用社交網路的成年人裡，有二〇%的人承認自己會在網路上跟其他人調情。網路可能造成外遇機會的另一個因素，是線上色情電影或書刊容易取得。研究結果也顯示，當人重複處在色情電影圍繞下，會影響自己對性的態度。這並非指色情片會讓人們外遇、出軌，而是可能會讓人們在面對誘惑時較無抵抗力。

換句話說，網路色情的「容易取得」，也許正潛移默化形塑我們的觀念和態度。對那些不斷受到性挑逗影像刺激的人來說，婚外情似乎不再那麼不正常。

雖然婚姻不忠實肯定是離婚的危險因素，然而研究結果也顯示，破碎的夫妻關係不必然一定會走向離婚。調查結果發現，多數發現另一半有外遇的人仍然選擇維持婚姻，覺得不應該因為配偶一時的不理智就毀掉多年感情，寧願選擇忽略自己的疑慮以保全這段關係與婚姻。

從報紙的頭條新聞，就可以驗證這個論點了。我們時常看見政治人物的妻子，儘管籠罩在被背叛的羞辱，公開場合仍然選擇跟丈夫站在一起。（公眾人物被妻子背叛比較少有，但不代表就沒有發生過，只不過是事情沒有爆發出來，或是被戴綠帽的恥辱使得丈夫寧願選擇保持沉默。）雖然政治人物夫妻的生活經歷絕對不同於一般人，但是像這樣「出軌、原諒」的故事，在一般夫妻的生活中也是屢見不鮮。

不管哪一年的調查訪問，都有大約一〇%的已婚者承認自己有過婚外情。有份調查訪問了一千零八十四位伴侶曾經外遇的人，結果其中有七六%的男女仍然選擇維繫婚姻，並且幾年後還是跟原伴侶共同生活。其他調查結果也有類似的發現。

為什麼有這麼多的人能忍受婚姻不忠呢？或許是因為現代人的婚姻要花很多

心思、努力才能維繫，因此當事情出差錯時也比較有彈性，因為雙方擁有共同的記憶、目標、孩子，與彼此的社群及朋友也都有很強韌的連結。

疾病、暴力及濫用藥物

許多離婚的原因，跟婚姻本身較無關聯。暴力和濫用藥物是兩項可能造成夫妻離婚的高危險因素，罹病的伴侶則會為婚姻帶來特殊挑戰。

一份歐洲的研究報告發現，多數癌症並不會提高離婚率，但是如果伴侶罹患的是睪丸癌或子宮頸癌，夫妻的離婚率就會提高。有份研究比較二十一萬五千名癌症的倖存者和沒有癌症的夫妻。罹患子宮頸癌的女性若是二十歲，則離婚率接近七成，如果年齡在六十歲，則離婚率往下掉到一九％。至於睪丸癌患者，二十歲男性的離婚率在三四％，六十歲的離婚率則在一六％。此外，頭部受傷或心理疾病也會提高離婚率。

生活無趣容易離婚

來自紐約、加州及密西根三地的婚姻研究人員，在二〇〇九年時決定著手研究「生活無趣」跟婚姻幸福的關聯。他們訪問了一百二十三名來自密西根州結婚很久的夫妻，詢問他們在婚姻第七年和第十六年時有無覺得「生活無趣」。

測驗14 你覺得婚姻無趣嗎？

1. 你感覺生活乏善可陳（或開始變得無趣），很少跟另一半做有趣的事？
Ⓐ時常　Ⓑ偶爾　Ⓒ很少　Ⓓ不曾

2. 總括來說，你對自己的婚姻滿意程度為何？
Ⓐ非常滿意　Ⓑ還算滿意　Ⓒ不是很滿意　Ⓓ非常不滿意

3.下列哪一組圖像，最能代表你的婚姻現況？

資料來源：一九九二年《個性與社會心理學期刊》（Journal of Personality and Social Psychology）63 當中的〈自我和配偶在雙方互動契合度的架構〉：596-612。

這三個問題衡量的是生活無趣、婚姻滿意程度，以及親密關係。研究結果發現，「生活無趣」是看出婚姻快樂與否的重要指標。結婚第七年反映生活無趣的夫妻，結婚第十六年時也比較不可能反映自己很快樂或與另一半緊密契合。

這些數據之所以重要，是因為提供了簡單的道理：只要在日常生活中增添一些小刺激，就能在幸福婚姻的道路上走得長長久久，也能預防夫妻漸行漸遠。記住，生活不要總是一成不變。如果你跟另一半都沒學過陶藝，不妨一起報名上課。或是參加一趟可以學習廚藝的旅遊假期。研究人員在研究「參加有趣活動可以為婚姻幸福帶來的影響」時發現，「有趣」是很關鍵的部分，例如住在紐約的夫妻決定來一趟小冒險，改到上城東區吃晚飯，而不是前往習慣的西區。研究結果也顯示，時常做些不同的事有助於維持婚姻的愛火和新鮮感。因此若想要保衛你的婚姻，就得讓生活多些變化。

熱情、親密感和忠誠的消逝

多數人認為婚姻裡最重要的三個字是「我愛你」，但是心理學家史丹柏（Robert Sternberg）反而要推薦另一個三字箴言——「熱情、親密、忠誠」。當熱情、親密和忠誠都能維持在高水準時，圓滿之愛這樣的理想婚姻型態就會出現。

既然圓滿之愛如此令人想望，要長久維持也格外困難。史丹柏表示，多數人根本沒有達到那個境界，頂多只能把其中一兩項變數維持在高水平。依照不同比例調和熱情、親密感和忠誠，可以形成以下七種愛的模式，有些要比其他的好一點。

- **迷戀之愛：**當熱情高漲就產生這種愛的模式，但是彼此關係缺乏親密感和承諾。想想「一見鍾情」。
- **空洞之愛：**已婚者會對彼此堅定和忠誠，但是彼此關係缺乏熱情和親密感。相親結婚的夫妻常常是以空洞的愛為起點，某些維持長久的婚姻也可能逐漸顯得空洞。

- **浪漫之愛：**浪漫的情侶會因為感覺彼此之間的緊密連繫和生理吸引而充滿熱情，因而彼此之間的一切也會頗為熟稔而顯得親密。不過這種關係通常還在新鮮感的階段，尚未走到許下承諾、相互忠誠的階段。
- **虛幻之愛：**許多夫妻在經過旋風式激烈的求愛過程後，就會相互許下承諾。他們對彼此熱情澎湃，並且也夠堅貞和忠誠，但是慢慢的也會發現對彼此的所知很少，親密度很低。
- **夥伴之愛：**長久的愛通常建立在很深厚的情感依戀及承諾之上，然而卻往往缺乏性的渴望。忠誠和親密度夠高，但熱情的火花已經消退。
- **友誼之愛：**有時候，我們最親密的關係是跟朋友之間的情感。有些婚姻會演變成老朋友般的友誼，彼此的熟稔親密度很高，卻缺乏熱情和忠誠。
- **圓滿之愛：**對多數夫妻來說，這是理想境界、最完滿的模式，擁有高水平的忠誠、親密度和熱情。

史丹柏主張，一段關係的進程中，「熱情」、「親密」、「忠誠」這三種愛的面向會移動、結合出不同面向的組合。迷戀之愛的伴侶可以變成浪漫之愛，然後再變成圓滿之愛，直到落定成為夥伴之愛。相親結婚夫妻的空洞之愛，也能夠快速轉變得熱情似火，甚至進展到圓滿之愛的境界。下面的測驗將「熱情」、「親密」和「忠誠」分切出來，幫助你看清自己最需要改善哪個面向。

測驗15 決定愛的型態

利用以下的測驗，來確定你的愛的型態。根據自身情況，在「高」或「低」的欄位填入「×」。

	高	低
熱情		
親密度		
忠誠		

婚前停看聽

如果你還是單身，不妨仔細咀嚼這些離婚的危險因素，提高自己選擇正確人生伴侶的機率。如果你已經結婚，剛好趁此機會好好檢視自己的婚姻是否存在任何離婚危險因素。以下幾個因素，可以讓婚姻關係更為穩固：

在二十五歲以後結婚：早婚與高離婚率兩者之間是有關聯的，「青少年時期就結婚」已經是公認的離婚高危險因素。最近一份美國政府所做的研究結果顯示，未滿十八歲結婚的女性有五九％的機率在十五年後離婚或分居，而二十歲以後結婚女性的離婚率則是三六％。很早就結婚的人通常不太可能已經完成大學學業，但偏偏這部分卻是可以讓婚姻成功的因素。這些人的工作收入通常較低，財務吃緊，甚至是意外懷孕而被迫成婚。三十歲以後結婚的離婚率很低，或許是因為這些人比較堅持找到理想伴侶，也可能是歲月帶給他們智慧，幫助他們更妥善的處理婚姻中的壓力和挑戰。

不要跟大學肄業生結婚：比起高中畢業或已經取得大學文憑的人，「大學肄業」的人離婚率較高。這或許可以解釋，「中途輟學」的人也可能對婚姻「半途而廢」，或是那些讓他（她）放棄學業的因素影響了婚姻（像是情緒問題、酒精上癮或財務壓力）。

至少堅守婚姻十年：多數的離婚都是在婚後十年內發生的。儘管有人結婚很久才離婚，但是「十年」對多數家庭來說代表重要的里程碑。

跟興趣、生活背景相近的人結婚：如果跟伴侶在生活背景、宗教或政治觀念都不同，無異是會提高自己的離婚風險。跟自己生活背景、價值觀和人生目標相近的人結為夫妻，比較可能把婚姻經營成功。而那些跟自己習性背景不同的人，也許會因為互補而相互吸引，然而一旦結為夫妻卻不一定能和諧的共同生活。跟自己生活背景相同、社交人脈網絡也近似的人結婚，要比跟自己完全不同（甚至背道而馳）的人結婚穩當許多。

跟雙親沒有離異的人結婚：當兩個在童年都經歷過父母離異的成人結婚，將來可能離婚的風險是那些父母仍然在一起夫妻的三倍。如果婚姻中至少有一方來自健全的家庭，離婚風險也會下降許多。一份研究結果發現，當只有妻子經歷過父母離異時，夫妻離婚的機率會增加將近一半，如果夫妻雙方都來自父母離異的家庭，那麼離婚的機率會竄升近三倍。

當然，以上所有造成離婚的危險因素只不過是婚姻的部分而已，絕不會是單一因素就決定婚姻的成敗或美滿與否。無論你在幾歲結婚、婚姻關係屬於哪一種型態、生活愉快與否，有問題的婚姻通常會受到許多問題與困擾。紛擾的細節瑣事累積起來，便足以成為婚姻裡的驚濤駭浪，讓人無力獨挽狂瀾。就算最終以離婚收場，本章所提到的眾多因素也足以告訴你，我們實在無法把婚姻的失敗全部歸咎某個人或某事件。

絕大多數的婚姻並不會以離婚收場，多數人最後還是生活在相對滿足的穩定關係中，儘管仍然有很多地方、空間可以改善，但是「美滿的」婚姻藏在細節裡，婚姻也可以從每個正向的小動作中獲益，隨著時間累積終至幸福美滿！

13

幸福婚姻的處方

法國女演員史諾芮（Simone Signoret）：「維繫婚姻的不是鐵鍊，而是繞指柔的絲線，千絲萬縷、經年累月的將兩人緊密纏繞成一體。」

我們從各種婚姻研究結果學到的啟示，所謂「改善婚姻關係」並非要我們做翻天覆地的改變。如同本書所討論的，細微末節才是關鍵，包括對話或爭吵中所用的詞彙、多久一次讚美對方和表現愛意，乃至於肢體動作和臉部表情等，這些才是造就婚姻樣貌的基礎。

我們已經仔細探討過各種影響婚姻品質的因素，像是衝突爭吵、孩子教養、性生活，以及家務事。那麼，究竟什麼樣的策略可以保持婚姻健康？多年來，有關婚姻的研究幾乎都專注在那些損害婚姻的負面因素上，然而有些婚姻專家卻已經改變方向，聚焦研究哪些正面互動能增益夫妻關係、提升親密程度，以及建立更緊密的連結。就像醫生可能會給你降血壓藥或阿斯匹靈，以維持身體健康，科學家也能提供維繫婚姻健康美滿的處方。研究人員已經確認許多正面的小改變可以改善婚姻關係，夫妻可以專注在這些細節下功夫，大大提升婚姻的滿意度。

美國丹佛大學婚姻與家庭研究指導教授馬克曼（Howard Markman）指出，幫助夫妻好好處理紛爭很重要，因為這能讓他們的婚姻不繼續往負面傾斜。但是，只停止爭吵或修補爭吵帶來的裂痕，並不能保證一定能走向快樂穩固的婚姻關係。馬克曼博士指出：「無法處理爭吵問題的夫妻，不會有成功的婚姻。如果學會好好處理衝突，也許他們會有個差強人意的婚姻，雖然不見得一定是美滿的婚姻。」那麼，解決紛爭後的下一步是什麼呢？能維持滿意關係的夫妻都知道，光是避免負面行為是不夠的，美滿的婚姻需要每日維護，並且給予正面回饋，才能把夫妻牢牢繫在一起。以下是彙整調查結果中有助於夫妻維持或強化幸福婚姻的七個策略：

策略一、每件好事都要小題大作

有關婚姻與心理學的研究，過去總習慣把焦點放在負面的事情上：夫妻如何處理困難、衝突，以及不幸福的階段？事實上諸多研究結果顯示，夫妻如何面對快樂時光也同樣重要。妻子的會議進行得順利嗎？丈夫是不是終於打贏了年紀小他許多的壁球對手？是不是有人最近加薪了？當自己所愛的人有所成就或表現傑出時，你會怎麼回應呢？「喔」一聲，表示知道消息了？適度表現支持之意？還是會開瓶香檳、來頓燭光晚餐，順便再送上大大的擁抱？

在婚姻科學裡，慶祝好消息的舉動稱為「存資本」，用以測量夫妻在生活裡儲存了多少正能量。簡單來說，我們需要用「小題大作」的態度來看待婚姻裡所有的美好時刻。為了測量分享好消息的重要性，洛杉磯加州大學及羅徹斯特大學的研究人員招募了一百五十四名大學生，請他們寫下過去一個星期以來發生的好事和壞事。結果，「沒錢」和「考試考壞了」在他們的壞事清單上名列前茅，好事清單則列有「考試成績很高」、「接到好友來電」與「收到家人寄來的包裹」等。這些學生還得回答，會不會跟其他人說發生在自己身上的好事或壞事。此外，也需要填寫日常作息相關問卷，評估他們對生活的整體滿意度和快樂程度。

藉由複雜的公式計算，研究人員得出好消息對學生日常生活的影響，以及「跟別人分享好消息」在快樂程度上占有多少影響力。結果，接獲好消息並分享出去的學生所反映的快樂程度，要比那些只把好消息留給自己的人快樂許多。當我們把好消息跟人分享的同時，也豐富、強化了舒服快樂的感覺。為了看出跟伴侶分享好事與婚姻關係兩者之間的連結，研究人員另外進行了兩組調查。第一組調查對象是五十九對大學情侶，平均交往大約十四個月；第二組調查對象為一百七十八對夫妻，平均結婚十年。運用不同的得分計算方式，測量出這些伴侶對於忠誠度、關係滿意度，以及親密度等感受。此外，他們也測量了「資本額」（儲存正面事件）的多寡的程度。以下是「資本額」測驗的簡化版本：

測驗16 如何回應好消息？

請花點時間想想，當你告訴另一半發生在自己身上的好事時，他（她）的反應是什麼。舉例來說，回家後，你告訴另一半升遷的好消息、跟某位家人談得很愉快、加薪了、得到獎金（獎品），或是在學校考了好成績、在公司進行的案子獲得好評等。想想，另一半聽到這些好消息時，會有什麼樣的反應。

1. 另一半對我的好消息都會反應熱烈，他（她）常常會問很多相關問題，對於這些事情表現出真誠的關心和興趣。
2. 另一半對於發生在我身上的好事，通常都會默默的表示支持。雖然他（她）沒太多表示，但是我知道他（她）為我感到高興。
3. 另一半會提醒我，好事也會有不好的一面。他（她）會指出這件事情潛在的負面影響。

4. 另一半看起來不太感興趣。有時候我會感覺他（她）並不在乎有什麼好事降臨在我身上。

測驗分析——

根據受訪者回答另一半如何回應好消息，研究人員得出以下四種不同個性：

1. **積極／建設性回應者：**會熱烈回應好消息的人。
2. **消極／建設性回應者：**會默默表現出支持的人。他們說的話不多，但是伴侶可以感受到他們的愛意和支持。
3. **積極／破壞性回應者：**會表現出負面觀點的人，總在好事中看見潛在壞處。
4. **消極／破壞性回應者：**事不關己的人，因為根本不在乎。

毫無意外的，最後兩組人（3. 積極／破壞性回應者、4. 消極／破壞性回應者）

在婚姻幸福的親密度、滿意度及其他選項的成績都拿到很低的分數。總括來說，唯一能在親密度和關係滿意度上拿高分的，就是那群總是可以熱烈看待伴侶好消息的人。「你終於完成了那個案子？今晚我們出去吃飯慶祝！」「你跑完了第一個五公里競賽？來擊個掌與擁抱吧！」「老闆在會議中特地把你叫出去公開稱讚表揚？我真是為你驕傲呢！今晚我來煮大餐」。也就是說，光是讓伴侶知道你為他（她）的成就感到開心是不夠的，你還必須有所表現。把日常生活中發生的美好小事大作一番，絕對有益婚姻健康。

策略二、正面互動愈多愈好

研究人員利用錄影帶記錄夫妻之間的對話，把兩人互動時所表現出的正面與負面言語和行為記錄下來，然後拆解編碼，將笑聲、撫摸、微笑或出聲讚美等事情列入正面互動。同時，他們也追蹤、記下那些感覺不甚良好的行為，像是翻白眼、譏諷冷笑、批評、防衛、發怒或退縮迴避等舉動。當華盛頓大學研究人員檢視數據時，發現了驚人的模式。在穩定的婚姻裡，夫妻正面的互動行為至少比負面的互動行為多五倍。當這個比例開始往下掉，婚姻也將陷入風險中。

夫妻之間每天至少會發生上百次的互動行為。在負面行為出現後，一句「我很抱歉」是不夠的，必須提高正面互動的次數，如此一來好與壞的比例才不會往下掉到危險的程度，擁有深厚關係的伴侶自然能做到。有時候，正面的互動也可以透過言語傳達，像是「親愛的，你今天看起來很美」、「你穿這個顏色真是好看」、「好棒的一餐」、「你真是個好爸爸」。有時候，正面的互動可以用肢體來表達，例如在對方的手上（或背部）輕拍一下、擁抱、隨意撥弄對方的頭髮，以及沒有特別理由的一吻。

如果你犯了錯，不妨告訴自己得為另一半做至少五件正面的事情來彌補過錯，並且身體力行做到這五件事，不要等到你們下次又開始爭吵時才想要示好。釋放善意的動作可以讓婚姻走得更長遠，做到這些並不困難，還能在不可避免的低潮期來臨時，幫助婚姻不受傷害。

策略三、把標準提高

在婚姻諮商室裡經常討論的一個主題是：夫妻對於婚姻是否抱有不切實際的標準和期望？因此，如果你過得不快樂或感到幻滅，或許是因為你一開始就太過理想化了。這時，多數諮商師會建議夫妻應該調降對婚姻和配偶的期望標準。

北卡羅來納大學的心理學家鮑康（Donald H. Baucom）進行一項重要調查研究，目的是要找出「對婚姻關係的各種面向抱持高標準（甚至是理想化）如何影響婚姻品質」。受試夫妻必須填寫有關個人期望的問卷（包括財務、情感、家務事、與家人和朋友的關係、宗教、性生活、休閒娛樂、職場生涯和孩子教養等），並且回答自己怎麼跟配偶溝通各種正面或負面的感受。總共有六十對夫妻參與這項調查，彼此對自己的婚姻各有不同期待。以下是這項調查的摘要：

測驗17 你對婚姻抱持高標準嗎？

閱讀題目的敘述後，請用分數一到五來表達你「贊成」或「不同意」。

（　）當我跟另一半在教養上無法達成共識時，我們都應該設法讓對方贊成自己的看法。

（　）我們當中應該只有一個人擁有最終的權利，可以決定怎麼運用金錢。

（　）我跟另一半應該要一起參與休閒活動。

（　）我們應該要透過肢體的接觸，來表現對彼此的愛意。

接著，請你回答以下問題：

（　）現在你對自己跟伴侶的關係感到滿意嗎？

（　）當關係沒有符合你的期待時，你會感到多沮喪？

這些問題都很簡單，結果卻相當有意思。那些有既定標準、真心希望被人好好對待，以及渴望從婚姻中得到熱情和浪漫的人，最後就真的得到理想中所想要的婚姻關係。那些抱持低標準的男女（認為自己不值得被好好疼惜、溝通，或是浪漫），最後婚姻裡就完全沒有這些東西。

策略四、不要忽視家人和朋友

如同前面所討論的，時下夫妻之所以會在婚姻裡這麼辛苦，其中一項原因就是「靈魂伴侶式」的婚姻容易把過多個人責任放到丈夫或妻子的身上。現代人的婚姻看起來比過去更孤立，因為就歷史上來看，家人、朋友、鄰居乃至於同事都是已婚者在社交、個人及財務上的支援後盾，但是現在很多人把丈夫或妻子視為個人尋求支持的「唯一」，甚至認為外面的人會干擾婚姻的連結，因此讓自己與較親近的外界關係保持距離。

馬薩諸塞大學的葛斯戴（Naomi Gerstel）與波士頓學院的薩奇森（Natalia Sarkisian）兩位社會學家發現，已婚夫妻跟親戚的來往頻率遠低於單身者。婚姻同時也會切斷個人與社群、團體之間的聯繫。已婚夫妻比較不會勤於跟鄰居往來或幫忙朋友，對於參加集會或簽署請願書等政治活動也沒有那麼熱中。婚姻歷史學者昆茲（Stephanie Coontz）也表示，今天我們更期待從另一半身上尋求更多支持與親密感（而非外求），會為婚姻制度帶來巨大的壓力。我們常會讓婚姻負荷過多的東西，像是要求配偶做到超過普通人所能負擔的事情，以滿足自己的需求。顯然，為了跟配偶建立更深層的親密感，許多夫妻會大幅減少跟家人、兄弟姊妹及朋友的相處時間。二〇〇六年，杜克大學與亞利桑納大學的社會學家分析了其中一項美國歷史最久遠的社會、文化及政治議題民意調查「社會概況調查」（General Social Survey）對大約一千五百名受訪者所進行的調查訪問的數據，了解他們密切社交來往的對象。

測驗18 測量社交連結

受訪者被要求回答以下問題：在過去六個月裡，那些對自己很重要的事情，你會跟誰討論呢？結果顯示，我們跟親密好友的社交活動在過去二十年裡呈現戲劇化的銳減。把你的答案與調查結果做比較吧！

- 二〇〇四年八〇％的受訪者表示，自己只會跟家人討論重要的事情，比一九八五年調查所得結果的五七％增加。
- 只跟配偶訴說自己問題的人數增加到九％，比過去的五％多。
- 一九八五年，每三人就有一人表示自己擁有四五個好友。到了二〇〇四年，擁有同數量好友的人減少到只剩一五％。
- 人們參加社團的數量、花在俱樂部和類似社團裡的時間，都呈現衰退。

亞利桑納大學社會學教授米勒（Miller McPherson）表示，這是一種以配偶和伴侶為中心，更小、更緊密的社交網絡趨勢。

昆茲博士認為，這對伴侶來說不一定是好的。她認為鞏固婚姻的方法是減少對配偶的情感要求，但並非意味著失去與丈夫或妻子的情感親密，而是已婚夫妻可以透過培養自己的關係來獲得與家人和朋友相處的好處。她說：「那些最幸福的夫妻，是擁有彼此以外興趣和支持的人。」

策略五、不要期望配偶為你帶來快樂

對心理學家來說，「幸福」逐漸變成一項熱門且複雜的研究主題。所幸，多數人在大部分時間都是快樂的。研究結果顯示，「幸福快樂」是相對的感受，生活上的大事（像是結婚或孩子出生）可能會帶來短暫的幸福感，但是多數人最終都會回復自己設定的幸福標準。假設快樂天平上的分數是一到十分，而你給自己的快樂分數是七．五分，那麼大部分時間生活裡的大小事都不會改變你的快樂分數。也就是說，你一生的快樂分數大都會維持在七．五分上下。

當然，總有例外的情況。那些遭遇極端貧窮、飢餓、暴力，或是心理疾病纏身的人，在快樂水平上的得分也會與一般人不同。但綜觀來說，當生活的幸福感呈現相對穩定狀態時，大致也比較不會受到金錢、教育及其他變數的影響。

有些研究探討了極端情緒對幸福造成的影響，像是中樂透的興奮感、因故癱瘓的絕望感。西北大學的研究人員帶領了一項研究調查，測試伊利諾州的樂透得主、終身臥床的傷者，同時再以生活沒有高低起伏的人做對照。一系列調查過後，撇開中彩券的興奮感，研究人員發現這些彩券得主並沒有比對照組快樂。反而是那些經歷過脊椎傷害而終生癱瘓的人，要比預料中更快樂。雖然這項研究存在取樣上的偏頗，也許這些同意參與研究的傷者本來就比較外向、社交也頗為活躍，並且他們的快樂標準也可能原本就比多數人高，因此儘管受傷了，幸福感的衰退也不如研究人員所預期的明顯。

其他研究結果也顯示，幸福感具有「與生俱來」的特性。科學家們研究了那些被分開撫養的雙胞胎，發現儘管雙胞胎手足的生活經歷不同，他們的幸福水平卻是一致的。研究指出，人的幸福感在基因上就已經被決定了，是可以預測的。對此，有些研究人員則以為幸福的等式要複雜許多。無論如何，他們確實看見強而有力的證據，支持「一個人幸福水平不會輕易改變」的說法。有鑑於幸福感會隨著時間而呈現相對的穩定，問題就在於結婚會不會讓人更快樂、更幸福。顯然，婚姻對個人的情緒狀態有劇烈影響。一九六七年，心理治療師霍姆斯（Thomas Holmes）與瑞克（Richard Rahe）藉由檢視五千名病人的醫療紀錄，來確認引起壓力的生活事件和疾病之間的關聯。這份開創性的研究還列出五十項會造成壓力的生活事件。值得注意的是，前十名的壓力來源中有五項與婚姻有關，離婚帶來的壓力程度就跟犯罪坐牢一樣劇烈。以下是前十項最能給人帶來壓力的生活事件：配偶死亡、離婚、分居、坐牢、親近的家人過世、個人傷害或疾病、結婚、被解僱、與配偶和解、退休。

很多研究已經發現，婚姻狀態跟幸福兩者之間的關聯性。在一項由四十二個國家、近六萬人參與的調查研究裡，研究人員發現對生活感到幸福的已婚者要比未婚者更多。婚姻真的會讓人感到快樂嗎？抑或快樂的人比較容易結婚，只是單純因為他們更和藹、外向，使得他們在尋找結婚對象時更容易？

密西根州立大學心理學家盧卡斯（Richard E. Lucas）和同事，從兩萬四千名德國人參與的調查中，尋找幸福和婚姻的相關線索。這項調查持續了十五年，結果顯示，整體來說已婚者要比單身者快樂，那些已經結婚（而且目前沒有離婚）的人，要比當初步上紅毯前更快樂。

總括來說，人在婚後感受到的快樂幸福感其實只占一小部分，若以快樂天平的滿分十一分做計算，他們的快樂程度也只增加〇．一分。幸福感增加主要來自婚禮和新婚的愉悅感。平均來看，多數人婚後對生活的滿足感與婚前並沒有太多不同。如此一來我們追求幸福的努力豈非徒勞無功？一點也不。研究結果指出了明顯個人差異，有人婚後比婚前快樂很多，有人則是婚前比婚後更快樂。

的確，許多人本來就過著開心的日子，婚後卻沒有得到太多的幸福感。對此，研究人員得出理論：原本就快樂的人本來就擁有豐富的社交網絡，所以在婚姻裡不會得到太多的夥伴關係，至於本來就比較孤單、不快樂的人，反而能從婚姻裡得到更多。研究人員認為，決定一個人對重大事件如何反應的原因，不僅跟個性有關，也跟生活中所有環境因素有關。如果一個人本來就過得很不錯，他（她）從婚姻中得到的正面改變就會比較少。同理，如果一個人本來就擁有快樂的生活，他（她）反而很可能會在「親密伴侶」關係的缺乏上失去更多，因為這種親密關係也要對整體主觀的快樂程度負起部分責任。由此看來，心理有所匱乏的人比較容易從生活中發生的好事獲得滿足，而心理原本就豐富充實的人，卻反而比較容易因為生活中的突發事件造成混亂。

研究數據讓人驚訝的是，所謂的重大婚姻事件，對於個人整體快樂程度的影響竟然如此微小。研究人員檢視受訪者中的一小組人，這些人在研究剛開始時尚未結婚，然後結婚，後來很快的離婚。這組人的生活滿意基線幾乎非常平均，婚姻並沒有為這些人的快樂水平帶來顯著改變。以下是該項研究結果的摘要：

- 個性會影響一個人的整體快樂程度，跟結婚與否無關。
- 快樂的人比較可能結婚。
- 婚姻只會在開始時帶來興奮的幸福感，兩年後又會回復婚前的快樂水平。
- 有些人婚後會感到極大的幸福感，也能維持好幾年。通常這些人在婚前是比較孤立的，因此可以從婚姻的伴侶關係中得到相當大的助益。

幸福議題的研究意義，是提供夫妻更多的安心感。當婚姻最初的興奮感減少，不代表夫妻彼此比較不快樂，或是對生活的滿意度降低，只是要告訴我們不能倚賴婚姻作為生活幸福的主要來源。也就是說，那些走入婚姻的人本身就是快樂的人，就算結了婚也不會改變。

策略六、愛，做就對了

性無法解決婚姻中的所有問題，但它絕對有所助益。即使你並不是很有興致，光是「行房」這個舉動，就能啟動身體的腦部化學作用，釋放垂體後葉荷爾蒙和催產素。這兩種荷爾蒙對夫妻的感情連結是強而有力的助力。老鼠是單一夫妻制，我們在老鼠研究結果中發現，公鼠一旦注射了垂體後葉荷爾蒙，就會變得更會加注意母鼠，即使牠並沒有真正與那隻母鼠配對。

專家會告訴性趣缺缺的夫妻，不管有無興致，持續做愛就對了。因為在開始行動後大約五分鐘左右，性行為會釋放與配偶產生連結的化學作用，有助於夫妻雙方享受當下的過程。

一旦夫妻對性不再感興趣，「鼓勵夫妻持續進行性生活」的建議就顯得為難。有位女性曾經寫信給我，表示她在孩子出世後跟丈夫不再有性生活，問題在她，夫妻兩人目前已經在討論離婚了。在此同時，有位婚姻治療師鄭重建議她：「不管是不是想要，如果還想挽回自己的婚姻，妳就必須一星期至少跟丈夫行房兩次。」她說，「我討厭這項建議，誰關心過我的需求了？不過，我還是照著婚姻治療師的話做了。我強迫自己去做。你知道後來怎麼了嗎？我喜歡，丈夫也喜歡，我想我們的婚姻也喜歡這部分。」

對於那些努力重燃愛火、維繫性生活的夫妻，專家也提出實用建議。或許你們只需要遠離孩子和工作的壓力，然後安排固定時間兩人出去約會，就會是很好的方法。剛開始不要太急，可以藉由握住手、摟抱等，來恢復熟悉的親密感。

或許婚姻治療師能幫忙確認，夫妻之間的性生活到底出了什麼問題。有些研究指出，職場上的問題會讓人對性生活興致缺缺，家務事分配不公也可能對性生活造成影響，或許健康檢查應該安排相關檢查項目，因為心臟病、憂鬱症、糖尿病、更年期症候群，以及醫藥副作用等，都可能對性生活造成干擾。對於想回復性生活的夫妻來說，汽車旅館是個不錯的地方。

對此，性生活治療師班納（Linda Banner）也在一項針對六十五對結婚平均二十四年的夫妻調查結果中，發現了簡單有效的方法。對三分之二的夫妻來說，光是讓他們觀看性教育錄影帶就足以重燃愛火、恢復性生活。規律的性生活可以改善情緒、更有耐性、壓制怒火，並且擁有更好、更滿足的婚姻關係。

策略七、點燃浪漫之火

多數愛情與婚姻研究都告訴我們，浪漫的愛情會隨時間消逝無法避免。但是，腦部掃描結果卻也顯示，有些結婚很久的夫妻彼此之間仍然維持著濃情蜜意。這些人自然成為調查研究的案例。對多數人來說，愛情中只願雙飛雙宿的浪漫情懷很快就會消退，取而代之的是長期累積的熟悉感。冷靜、穩定的夥伴之愛沒什麼不好，很多夫妻也不願意拿自己好不容易達到的深度親密和忠誠，去交換一時的浪漫激情。但是，「夥伴之愛」卻容易發生感情變得陳舊、了無新意的危險，進而導致無聊與不滿足趁虛而入，逐漸磨蝕辛苦掙來的親密感。

所幸，這樣的情形是可以避免的。專家們已經找到方法，讓結縭許久的老夫老妻能夠重燃最初的浪漫情感。例如，安排固定外出的約會時間，同時加入新奇或不常有的經驗。這項建議乃基於腦部科學的驗證：新的體驗會活化腦部的回饋系統，使之充滿多巴胺及正腎上腺素。我們需要這樣的東西讓腦部迴路點燃愛火，重回初次遇見另一半時的愉悅心情及朝思暮想。許多實驗結果都顯示，新鮮感可以幫助夫妻找回當初所有感受，再次創造戀愛產生的種種化學反應。

過去好幾年，艾隆（Arthur Aron）跟同事在已婚很久的夫妻合作實驗中測試了所謂的「新奇理論」（novelty theory）。研究人員招募五十三對中年夫妻，利用標準問卷來測量這些夫妻的關係品質，之後隨機編成兩組。有一組夫妻被要求每星期花九十分鐘做熟悉且讓彼此開心的事，像是外出用餐或看場電影。第二組夫妻則被要求一星期花九十分鐘做兩人都覺得「很刺激」的事情，像是聽音樂會、看表演、滑雪、健行或跳舞。十星期後，所有受試夫妻回來重填問卷。那些在約會之夜從事「刺激活動」的夫妻，婚姻滿意度的進步要大過從事「開心事情」的夫妻。

最近的腦部掃描研究結果顯示，浪漫的愛確實可以在婚姻中長久存在。紐約布朗克斯醫學院的研究人員艾瑟費度（Bianca Acevedo）找來十位女性、七位男性進行腦部掃描研究，他們平均結婚二十一年，仍然保有熱烈甜蜜的愛情。腦部掃描結果也證實了這項說法：當受試者看見配偶的照片時，腦部連結浪漫愛情的區塊顯示活躍的腦波活動，並且所呈現的曲線也與新婚夫妻非常相似。

目前仍然不清楚，為何一些結縭許久的夫妻仍然能夠維持緊密熱烈的愛情，但是科學家相信，規律的為婚姻生活注入新鮮感很可能扮演了重要角色。羅格斯大學的人類學家費雪指出，夫妻選擇嘗試的新奇活動不一定要很花時間、金錢或古怪瘋狂。只是開車到不常去的地方逛逛、參觀藝術表演或社區市集等，就已經足夠。重點在於夫妻一起體會，並且分享新的經驗。

當然，捏陶土、規律的性生活，以及小小的慶祝等，尚不足以撐起美滿婚姻。但是，這些策略可以強化婚姻的緊密度，讓你跟配偶走在對的道路上，並且時時修補、活化當初讓你們彼此決定相守的正向連結。對於那些結婚很久仍然幸福的夫妻，以及總是辛苦掙扎的夫妻，兩者之間的最大差異，就是前者擁有了「保持正向」和「減少負面行為」的雙重能力。

測驗 19 如何重燃愛火？

首先，請你與配偶兩人都先完成第三章的「狂熱式愛情」測驗，並且統計分數。接著，列出十到二十項你覺得可以跟另一半在約會時一起做的「好玩又刺激的事情」，而這些事都是你們過去六個月從未做過的。然後，請你的配偶也列出這張清單，再跟你的清單做比較。最後，再從你們的清單中挑出「十個」你跟配偶都覺得很有趣的約會活動，設定每星期做一件，把這十件事在接下來的十個星期內都做過一遍。完成後，回頭再做一次第三章的「狂熱式愛情」測驗，並且比較第一次所做的結果。

幸福婚姻的科學

本書的目的之一，是要再次找回結婚當時所感受的樂觀和希望，並且教導夫妻實用的方法，以滋養感情或修補陷入危機的關係。有些方法非常簡單（例如在爭吵前三分鐘緩和氣氛，或是負擔較多的家務事責任），一下子就能學會。事實上，正在進行的婚姻研究就是要證明，健康的兩性關係需要時間與努力，並且定期維護。夫妻們需要找出時間支持對方，彼此像朋友般的對話、外出約會、握住對方的手，有時甚至連「不同意對方」都是維護關係的必要方法。

就算夫妻相處得和諧美好、幾乎不曾吵架，也不應該以此自滿。許多看似關係穩定的夫妻其實正處在危機之中，漸漸失去夫妻之間的深層連結。馬克曼博士將此稱為「還過得去」（good enough）的婚姻，他說：「在這種婚姻裡，夫妻不會在孩子面前吵架。他們不常起衝突，但是彼此之間的親密程度很低。要保護或修補正向的感情連結是個相當大的挑戰。」

所謂的「美滿婚姻」或許有不同定義，但是科學家已經能夠辨認出長久且穩定婚姻的特質。多數夫妻已經知道彼此需要花時間相處、處理衝突、強化親密程度，但是他們在評估自己婚姻的健康程度時，卻往往聚焦錯誤的地方與事情。

我們從婚姻科學中學到的功課是，夫妻常會把關係中的情緒錯誤解讀，以至於把重心放在衝突的嚴重程度，以及為哪些事情吵架等。事實上，改善婚姻關係並不需要做翻天覆地的轉變，把細節弄對就能擁有幸福婚姻。舉例來說，快樂夫妻的吵架次數跟其他人都一樣，但是他們知道抱怨和批評的差別，當意見相左時，他們會避開責難的語氣及輕蔑的態度。處在穩定關係中的伴侶明白，在衝突開始的前三分鐘是為爭吵定調的黃金期，他們知道如何淡化爭吵、駕馭衝突的力量，以改善整體關係，因為親密、性生活及熱烈的感情，是每日都該放在心上的重要事情。

擁有美滿生活的夫妻會帶著溫馨、熱烈和幽默的語氣，來講述兩人當初怎麼認識與戀愛的過程。當他們升格成為父母時，也能在手忙腳亂的生活中，找出空檔跟另一半相處甜蜜一下。成功的夫妻知道，把婚姻當成最重要的事不僅有益彼此的關係，同時也對整個家庭有幫助。在分配家務事時，會讓彼此都覺得公平。此外，他們會小心處理金錢和債務，儘量把財務壓力排除在婚姻之外。

當然，每樁婚姻都有不同，有些夫妻的關係變化甚至連科學也無法解釋。雖然多數婚姻科學的建議都很簡單，然而真的要在日常生活中實踐，卻不見得總是順利，而書裡所介紹的策略或許也無法滿足每對夫妻。事實上，當你閱讀本書表示你在乎婚姻這回事，不管你是否正在一段感情裡糾葛，或是想要更良好的關係，抑或考慮是否應該結婚等。各種結婚和離婚的趨勢都告訴我們，要對婚姻保持樂觀、希望，畢竟離婚已經不再那麼普遍，伴侶願意等待更久的時間才會做決定結婚，諸多數據清楚的告訴我們，「相愛到白頭」絕對不難。

誠然，不是每樁婚姻都能挽救或值得挽救，但是維持幸福婚姻的祕訣並不如表象那麼複雜難解。生活中的小小改變就可以挽救一段陷入危機的關係，也可以讓「還過得去」的婚姻轉變成讓人滿意的永久結合。

結婚時我們都曾經許下承諾，不論如何都要跟伴侶同甘共苦，事實上我們只想分享甘甜滋味。婚姻的科學告訴我們，這並非不可能的任務，只要有心就能做到。

附錄

親密關係測驗

沒有任何一項指標能論斷你的婚姻是否穩固，不過科學家已經發展出各種測驗及練習，得以用來評估夫妻的婚姻狀態。這些測驗使科學家可以在不同時間針對不同夫妻進行比較，得出穩固／脆弱的婚姻各自擁有哪些特徵。儘管這些測驗在家裡實行起來，不若在實驗室裡進行來得嚴謹，仍然可以有助夫妻找出婚姻關係中的強項，以及有哪些地方還需要多加強。

測驗內容是對照書中的研究結果，可以幫助你更了解自己的婚姻關係。試著用輕鬆的心情作答，抑或也可以拿來測試另一半，找出你們兩人關係中讓人愉快的、感覺還不錯的，以及最幸福的部分。進行這些測驗時，即使得分很低，也不必然代表你的婚姻正朝著惡水前進。記住，不管你怎麼作答，都可以為你跟另一半帶來更多討論話題。現在不妨倒杯紅酒坐下來，拿起筆動手實作吧！

最後，請你再做以下的測驗。測驗看看自己的婚姻智商有多高？

測驗20

你的婚姻智商有多少？

1. 過去四十年，美國的離婚率有何變化？
Ⓐ維持在同樣比率 Ⓑ戲劇性上揚
Ⓒ降低 Ⓓ沒有明顯變化趨勢。

2. 哪個世代的夫妻，存在最高的離婚風險？
Ⓐ一九七〇年代 Ⓑ一九八〇年代
Ⓒ一九九〇年代 Ⓓ每個世代的離婚風險都相同。

3. 關於社群歸屬感，通常已婚夫妻比較可能有何作為？
Ⓐ跟鄰居往來 Ⓑ熱中政治的活動與議題
Ⓒ跟大家庭互動往來 Ⓓ以上皆非。

4. 下列哪一項指標，可以用來預測婚姻關係穩固？
Ⓐ夫妻很少吵架 Ⓑ夫妻會分享好消息
Ⓒ夫妻擁有孩子 Ⓓ夫妻有共同興趣。

5. 下列何者是妻子希望配偶行房時可以多發揮的地方？
Ⓐ多一點誘惑挑逗的動作 Ⓑ多給予妻子指示如何進行
Ⓒ願意多嘗試新姿勢 Ⓓ以上皆是
Ⓔ以上皆非。

6. 下列何者被美國夫妻視為美滿婚姻裡最重要的元素？
Ⓐ孩子　Ⓑ相同的信仰／宗教
Ⓒ相同興趣　Ⓓ分擔家務事。

7. 下列何者被美國夫妻視為美滿婚姻裡最不重要的元素？
Ⓐ孩子　Ⓑ相同的信仰／宗教
Ⓒ相同興趣　Ⓓ適當的收入。

8. 結婚會如何影響女性做家務事的時間？
Ⓐ減少一半　Ⓑ大約比單身女性減少三分之一
Ⓒ增加七成　Ⓓ結婚與否都不影響女性做家務事的時間。

9. 當女性扛起不成比例的家務事，會發生以下何種狀況？
Ⓐ女性變得消沉沮喪　Ⓑ男性行房機率降低
Ⓒ婚姻較不快樂　Ⓓ以上皆是。

10. 過去一年內，有多少比率的夫妻表示自己曾經出軌？
Ⓐ一〇％ Ⓑ二〇％ Ⓒ四〇％ Ⓓ六〇％。

11. 下列何者是造成婚姻不忠實的最大危險因子？
Ⓐ與配偶吵架 Ⓑ對婚姻關係感到無趣
Ⓒ缺乏性生活 Ⓓ自動送上門的機會。

12. 一旦女性的經濟獨立，很可能會有以下何種作為？
Ⓐ要求離婚 Ⓑ跟先生爭吵金錢相關議題
Ⓒ出軌 Ⓓ對婚姻現況感到滿意。

測驗分析——

1. 答案Ⓒ，**離婚率降低**。一九七〇年代每千對夫妻有二十三對離異，如今每千對夫妻有十七對離異。

2. 答案Ⓐ，**離婚風險隨著世代降低**。比較已婚夫妻結婚十年的離婚風險統計結果，相較於一九七〇年代的二五％，一九九〇年代則為一七％，離婚風險有降低趨勢。

3. 答案Ⓓ，**以上皆非**。研究結果顯示，時下夫妻在婚後大都組成核心小家庭，因此與大家庭和社群的連結遠比過去更為缺乏、疏遠。

4. 答案Ⓑ，**夫妻彼此會分享好消息**。研究結果顯示，對配偶發生的好事小題大作、大肆慶祝，可以增益婚姻健康。

5. 答案Ⓓ，**以上皆是**。根據全美調查結果顯示，女性在行房時就跟男性一樣，會希望與配偶有更多的溝通，也希望嘗試新體驗。

6. 答案Ⓓ，**分擔家務事**。二〇〇七年佩尤研究中心的報導結果顯示，超過六成比例的受訪男女都認為，夫妻分擔家務事對於維繫好的婚姻品質相當重要。

7. 答案Ⓐ，**孩子**。二〇〇七年佩尤研究中心的報導結果顯示，只有四成比例的受訪男女認為孩子是維繫美滿婚姻的必要條件，其重要性的排序在性生活、分擔家務事、金錢、宗教和共同的興趣之後。

8. 答案Ⓒ，**婚姻會增加女性做家務事的時間**。密西根大學研究發現，女性婚後做家事時間多七成，男性減少一二%。

9. 答案Ⓓ，**以上皆是**。家務事分配是導致婚姻衝突的關鍵因素，甚至影響夫妻性生活頻率。

10. 答案Ⓐ，**一〇%**。只有一成的男女表示，過去一年內曾經與配偶以外的人發生性關係。

11. 答案Ⓓ，**自動送上門的機會**。外地出差、出現表露好感的同事等，都是造成婚姻不忠的危險因子。

12. 答案Ⓓ，**對婚姻現況感到滿意**。研究數據顯示，女性經濟狀況愈獨立、教育程度愈高，愈可能對婚姻現況感覺滿意並且不輕易結束婚姻。

分數

十至十二分：了不起，你的婚姻智商簡直高到破表！

五至九分：嗯，是該要好好溫習婚姻學分的時候了。

零至四分：哎呀，婚姻之路還有好多東西要學習呢！

家庭與生活 085

婚內愛情保鮮學

全球頂尖的婚姻科學研究，告訴你親密關係的幸福處方

作者｜泰拉· 帕克柏 (Tara Parker-Pope)
譯者｜劉潔如 (第 1-5 章)、劉嘉路 (第 6 章 - 附錄)
責任編輯｜王淑儀
編輯協力｜陳珮雯
校對｜魏秋綢
封面設計｜葉馥儀
版型設計、排版｜賴姵伶
行銷企劃｜石筱珮

天下雜誌群創辦人｜殷允芃
董事長兼執行長｜何琦瑜
媒體產品事業群
總經理｜游玉雪
總監｜李佩芬
版權主任｜何晨瑋、黃微真

出版者｜親子天下股份有限公司
地址｜台北市 104 建國北路一段 96 號 4 樓
電話｜ (02)2509-2800　傳真｜ (02)2509-2462
網址｜ www.parenting.com.tw
讀者服務專線｜ (02)2662-0332　週一～週五 09:00~17:30
讀者服務傳真｜ (02)2662-6048
客服信箱｜ parenting@cw.com.tw

法律顧問｜台英國際商務法律事務所 · 羅明通律師
製版印刷｜中原造像股份有限公司
總經銷｜大和圖書有限公司　電話｜ (02)8990-2588

出版日期｜ 2013 年 05 月第一版第一次印行
2023 年 03 月第二版第一次印行
定價｜ 450 元
書號｜ BKEEF085P
ISBN ｜ 978-626-305-431-8（平裝）

訂購服務
親子天下 Shopping ｜ shopping.parenting.com.tw
海外 · 大量訂購｜ parenting@cw.com.tw
書香花園｜台北市建國北路二段 6 巷 11 號
電話｜ (02)2506-1635
劃撥帳號｜ 50331356 親子天下股份有限公司

國家圖書館出版品預行編目 (CIP) 資料
婚內愛情保鮮學 : 全球頂尖的婚姻科學研究，告訴你親密關係的幸福處方 / 泰拉 . 帕克柏 (Tara Parker-Pope) 著 ; 劉潔如 , 劉嘉路譯 . -- 第二版 . -- 臺北市 : 親子天下股份有限公司 , 2023.03
面；　公分 . -- (家庭與生活 ; 85)
譯自 : For better : how the surprising of happy couples help marriage succeed
ISBN 978-626-305-431-8(平裝)

1.CST: 婚姻 2.CST: 兩性關係

544.3　　112001489